文庫

哲学入門

バートランド・ラッセル
高村夏輝 訳

筑摩書房

The Problems of Philosophy
by
Bertrand Russell

First published 1912.
Second Edition 1998.

The Problems of Philosophy was originally published in English in 1912.
This translation is published by arrangement with Oxford University Press.

哲学入門◆目次

哲学入門

凡例

一、本書は B. Russell, 'The Problems of Philosophy', Home University Library, 1912 の全訳である。底本は、二〇〇一年のオックスフォード大学出版局ペーパーバック版を用いた。

二、原著には本文に加え、ラッセルによる前書きと参考文献、ドイツ語版への序文と、ジョン・スコルプスキによる解説と読書案内が付されている。このうち、ラッセルによるものはすべて訳出し、またスコルプスキによる解説も原著出版社からの要請にしたがって訳出したが、読書案内は割愛した。

三、原著の引用符 '……' は「……」とした。

四、原著のイタリックは、基本的に邦訳の右横に傍点を打ってあらわしたが、読みやすさを勘案して「……」で代用したところもある。

五、原著に何もないところにも、「……」で閉じたところがある。また説明や原語を挿入する際には［……］を用いた。

六、原著における註は［原註1］のように表示し、各章の末尾に収めた。

七、訳者による註は（1）（2）のように表示し、一括して巻末に収めた。

前書き

この本では主として、肯定的で建設的なことが言えると思えた哲学的問題に集中した。否定的に批判するだけなのは不適当だと思えたからである。そのため、この本では形而上学よりも知識の理論に紙幅をさき、哲学者が盛んに論じている話題のいくつかに関しては、仮に論じていたとしても手短に済ませている。

G・E・ムーア[1]とJ・M・ケインズ[2]の未刊行の著作からは、貴重な支援を受けた。ムーアからはセンスデータと物質の関係について、ケインズからは蓋然性と帰納に関してである。またギルバート・マレー[3]教授の批判と示唆にも裨益された。

一九一二年

第一七刷へのノート

五五、九三、一六一、一六二ページでの論述について、一言述べておかなければならない。この本を執筆した一九一二年の前半には、中国はまだ帝国であり、そして「イギリスの」前首相の名前はBで始まっていたのである。

一九四三年

第1章　現象と実在

理性的な人なら誰にも疑えない、それほど確実な知識などあるのだろうか。この問いは、一見難しくなさそうに思えるが、実は最も難しい問題の一つである。自信をもってきっぱりと答えようとしても、何かがそれを妨げている。そのことをはっきり認識するとき、私たちはすでに哲学を始めているのである。なぜなら、哲学とはこのような根本的な問題に答える試みに他ならないからだ。それも、ふだんの生活や科学的研究をするときですらしてしまうように、不注意かつ独断的に答えるのではない。このような問題を分からなくしているものをすべて検討し、ふだんの考えの根元にあるあいまいさや混乱を一つ残らず見て取ったうえで批判的に答えようとすること、これが哲学だからである。

日常生活で、確実なものとして受け入れている多くのものも、吟味してみれば明らかな矛盾に満ちているのが分かる。あまりにもたくさん見つかるので、本当に信じてよいのはどれかを知るためには、かなり考えなければならないほどである。確実なものを求めるときには、私たちが現にしている経験から始めるのが自然であり、またある意味で、確かに知識はそういう経験から生み出されるものでもある。だが、直接的な経験によって知られたことに関する言明は、どれも間違っている可能性が非常に高い。たとえば、今私にはこう思える。私は椅子に座り、ある形をしたテーブルに向かい、その上には字を書いた紙が何枚か見える。ふりかえれば窓の外には建物、雲、そして太陽が見える。私は、太陽は地球から約九三〇〇万マイルのかなたにあると信じている。地球の何倍もある熱い球体であることや、地球の自転のせいで毎朝のぼり、そしてこれからも限りなくのぼり続けるであろうことも。さらには、普通の人が部屋に入ってきたら、その人は私と同じ椅子、テーブル、本、紙を見ること。また、見ているテーブルは、腕を支えているテーブルと同じだということも、私は信じている。これらはどれもあまりにも明白なので、私がまったく何も知らないのではないかと疑う人に答える場合でもないかぎり、わざわざ言葉にするに値しないとすら思える。しかし、これらの言明はみな筋を通して疑えるので、注意深く議論を重ねないかぎり、完全に正しい仕方で言い表したとは確信できないのだ。

問題を明らかにするため、テーブルに注目しよう。目には長方形で茶色く光沢があるように映り、触ればなめらかで、冷たく硬い。たたけば鈍い音がする。このテーブルを見、触り、その音を聴く人なら、誰でもこの記述に同意するはずだから、何の問題も起こらないと思われるかもしれない。だがもっと正確であろうとすると、とたんに面倒なことになる。テーブルは全面にわたって「本当に really」同じ色をしていると私は信じている。しかし、明かりを反射している部分は他の部分よりも明るく、そのため白く見えるところすらある。自分が動けば明かりを反射する場所が変わるため、テーブル上の色の分布も変わることも、私は知っている。ここから、人々が同じテーブルを同時に見るなら、まったく同じ色の分布を見る人はいないことになる。正確に同じ視点からテーブルを見ることができず、どんなにわずかであれ視点が変わるなら、明かりの反射の仕方も少しは変わってしまうからだ。

こうした色の違いが実生活で重要になることはほとんどないが、画家にとってはなによりも重要である。常識的に物の「本当の」色だと言われる色を、物は持つように見える、そう考える習慣を私たちは持っている。しかし画家はこの習慣を脱ぎ捨て、見えるがままに物を見る習慣を身につけなければならない。ここで私たちは、最大の哲学的問題の一つの原因になる、ある区別をし始めている。「現象 appearance」と「実在 reality」の区別、つまり物がどのように見えるかと、どのようであるかの区別である。画家が知りたいのは物がどのように見えるかだが、いわゆる現実的な人や哲学者は、物がどのようであるかを知りたいと思う。しかし哲学者は現実的な人よりもはるかに強くそれを望み、また問題に答える難しさを知っているだけに、より深く悩まされることになる。

テーブルに話を戻そう。いままで分かったことから、テーブルはその色 [*the* colour] をしていると言えるような、他からぬきんでて見える色は存在せず、テーブルのどの部分についても同じことが成り立つのは明らかである。テーブルやその部分は、視点が変われば異なる色に見え、そのうちのどれかを他の色よりも本当であるとする理由はない。また周知のとおり、同じ視点からですら、照明を当てたときや色盲の人、サングラスをかけた人にとっては違う色に見え、さらに暗闇のなかでは、触ったり聞いたりするかぎりでは変化していないにもかかわらず、テーブルはまったく色を持たない。つまり色は、テーブルそのものに属するのではなく、テーブルと観察者、そしてテーブルへの光の当たり方に依存するのである。テーブルのその色についてふだん話しているときには、正常な観察者が普通の視点から、通常の光の条件下で見る色を意味しているにすぎない。しかし他の条件下で見える色にも何もおかしなところはなく、本当だとみなされる資格がある。それゆえ、えこひいきを避けるためには、テーブルが、それ自体としてある特定の色をしていることを否定しなければならなくなる。

肌理《きめ》についても同じことが言える。裸眼では木目《もくめ》が見えるが、それをのぞけば平坦でなめらかに見える。しかし顕微鏡で見てみると、肌理が粗く、でこぼこしていたり、裸眼では見えなかったあらゆる違いが見えるはずだ。では、どちらが「実在の（本当の）」テーブルなのか。顕微鏡を通して見た方が本当の姿だと自然に言いたくなるが、もっと強力な顕微鏡が出れば、今の顕微鏡で見えている姿もまたお払い箱になるだろう。とすれば、裸眼で見えるものが信用できないのなら、なぜ今の顕微鏡を通して見たものを信用すべきなのか。こうしてこの場合もまた、はじめは信頼していた感覚に裏切られる。

テーブルの形にしても、事態はよくならない。私たちはみな、物の「実在の」形について判断する習慣を身につけている。しかも、あまりにも無反省にそう判断するので、自分は本当の形を実際に見ていると考えてしまう。しかし絵を描くときには習わなければならないことだが、一つの物も、異なる視点からは異なる形に見える。テーブルが「実在としては」長方形であれば、それはほとんどの視点から、鋭角と鈍角を二つずつ持つように見えるだろう。向かい合った辺が平行なら、観察者から遠ざかる方向へ収束するように、また辺の長さが等しいなら、近い方の辺が長く見えるだろう。テーブルを見るときには、普通こうしたことには気づかないが、それは、見えている形から「実在の」形を作り上げるよう経験が教えてきたからであり、生活のなかで関心が持たれるのも「実在の」形のほうだからである。しかし「実在の」形は見えるものではない。見えるものから推論されたものだ。そして見えるものは、見ている人が部屋の中を動き回るにつれ、その姿を変え続ける。すると、ここでもまた感覚はテーブルそのものではなく、その現象についての真理しか与えてくれないようだ。

　触覚を取りあげてみても同様の問題が起こる。テーブルは確かに硬さの感覚を与える。押せば、押し返してくるように感じられる。しかしそうして得られる感覚は、どれぐらいの強さでテーブルを押すか、体のどの部分で押すかに左右される。したがって、体のいろいろな部分を使い、さまざまな強さで押して得られる諸感覚は、テーブルの特定の性質を直接明らかにするものとしてではなく、せいぜいテーブルの性質の記号であると考えられるにすぎない。テーブルの性質は、以上のような諸感覚すべての原因ではあるのだが、しかしそうした感覚に実際に現われることはない。テーブルをたたけば出る音には、同じことがよりあからさまに当てはまる。

　かくして、もし本当にテーブルが存在するのだとしても、それは直接経験されるものと同じではなく、見たり、触れたり、聞いたりできないことが明らかになる。実在のテーブルが存在したとしても、それはけっして直接には知られず、直接知られるものから推論されなければならないのだ。ここから、非常に難しい二つの問題が同時に生じてくる。（1）そもそも実在のテーブルはあるか。（2）もしあるのなら、それはどんな対象でありうるか。

意味のはっきりした単純な用語がいくつかあれば、この二つの問題の考察に役立つだろう。感覚によって直接的に知られるもの——色、音、におい、硬さ、手触りなど——に、「センスデータ[4]」という名を与えよう。そして、これらを直接意識している経験を「感覚sensation」と名づけよう。よって、ある色を見ているときにはいつも、その色についての感覚を持っているのだが、色そのものは感覚ではなくセンスデータである。つまり、直接意識されるものが色であり、意識そのものは感覚なのである。もしテーブルについて何かを知りうるのなら、それは明らかにセンスデータ——茶色だったり、長方形だったり、なめらかだったりする、テーブルにかかわるセンスデータ——を通じてでなければならない。しかし今まで挙げたさまざまな理由から、テーブルはセンスデータであるとは言えず、センスデータがそのままテーブルの性質になっているとすら言えそうにない。したがって、実在のテーブルがあるとすれば、それとセンスデータとの関係が問題になる。

実在のテーブルが存在するとして[5]、それを「物的対象」と呼ぼう。よって考察すべきなのは、物的対象とセンスデータとの関係である。すべての物的対象をひとくくりにして「物質」と呼ぼう。それゆえ先ほどの二つの問題は、次のように言いなおせる[6]。(1)そもそも物質のようなものがあるか。(2)もしあるのだとしたら、その本性は何か。

五感［our senses］の直接の対象は、私たちから独立には存在しない、そう考える理由を初めてきっぱりと打ち出した哲学者はバークリ僧正（一六八五―一七五三）だった。彼は「懐疑論者と無神論者に反対する、ハイラスとフィロナウスの三つの対話」で、物質など存在しないこと、そして、世界を作り上げているのは、心と心が抱く観念だけだということ、この二つを証明したとうけあっている。ハイラスはそれまで物質を信じていたが、フィロナウスの敵ではない。フィロナウスはハイラスを矛盾と逆説へと追いつめ、ついには自分から物質を否定させ、それがあたかも常識であるかのように思わせてしまう。そこで使われている議論の価値はまちまちで、重要で健全なのもあれば、混乱したものや、ただのあげあし取りもある。だが、何の不合理も犯すことなく物質の存在を否定できること、そして私たちから独立に存在して物があったとしても、それは感覚の直接の対象にはなれないこと、これらを示した手柄はバークリのものである。

　物質が存在するかという問いには、二つの異なる問題が含まれているので、それらをきっぱりと分けておくことが重要である。ふつうの意味では、「物質」は「心」と対比され、空間内にあるが、そもそも何かを考えたり意識する能力を持たないと見なされている。バークリが否定するのも、主にこの意味での物質である。つまり、テーブルの存在の記号であると誰もが見なすセンスデータが、本当に私たちから独立な何かの存在の記号になっているということは、バークリも否定しない。この何かが心的ではないということ、すなわち心でも、誰かの心が抱く観念でもないことを否定しているのである。彼も、部屋を出たり目を閉じたときにも、何かが存在し続けなければならないことを認める。さらには、私たちが「テーブルを見る」と呼ぶ経験が、見ていないときにも何かが存在し続けていると信じる理由を、実際に与えるということも認める。しかしバークリによれば、この存在し続ける何かの本性が、私たちが見ているものと根本的に異なるなどということはありえない。それは確かに私たちが見ることからは独立なのだが、見ることからまったく独立ではありえないのである。こうしてバークリは、「実在」のテーブルを神の心の中の観念だと見なすようになる。こうした観念は、「存在し続けること」と「私たちからの独立性」という二つの要請を満たしつつ、まったく知りえないものになってしまうこともない。ここで「まったく知りえない」と言っているのは、ただ推論できるだけで決して直接意識できないという意味である。もし物質によって以上の二つの要請を満たそうとすれば、それはこの意味でまったく知りえないものになっていただろう。

　バークリ以後も、テーブルが存在するためには、何らかの心——私である必要はないにせよ——が見ていなければならない（あるいは、感覚によって捉えられていなければならない）と考えた哲学者はいた。もっとも、必ずしも神の心ではなく、しばしば宇宙内の心を集めて一つにしたものだとされたのだった。[7] そう主張する主な理由はバークリと同じで、心とそれが抱く考えや感じ以外には本当には何も存在しえない、少なくとも本当に存在するとは知りえないということである。彼らは「私たちは何かについて考えることができる。ところで、考えられている何かとは、すべて、その何かについて考えている人の心の中の観念である。それゆえ観念以外に考えられるものはない。したがって、観念以外のものは理解不可能である。そして理解不可能なものなど存在しえない」と論じて、自分の見解を裏付けようとした。

こんな議論は間違っているというのが私の意見だ。もちろんこの議論を提示する人たちも、かくも短くぞんざいに論じているわけではない。しかし妥当であろうとなかろうと、この議論が何らかの形で提示されているのがきわめて広範に見受けられるし、またかなり多くの哲学者たち——恐らくは多数派といえるだろう——が、心と観念以外には何も実在しないと主張してきた。このような哲学者たちは「観念論者」と呼ばれている。彼らは物質を説明する段になると、バークリのように、物質は実は観念の集まりにほかならないと言ったり、ライプニッツ(一六四六—一七一六)のように、物質のように見えるものも、実は多少発達していないところのある心の集まりだとしたりする。[8]

しかしこれらの哲学者も、心に対比されるものとしての物質を否定するとはいえ、別の意味では物質を認める。二つの問いを立てたのを憶えているだろう。(1)そもそも実在のテーブルはあるか。(2)もしあるのなら、それはどんな対象でありうるか。ところで、バークリもライプニッツも実在のテーブルがあると認めるのだが、バークリはそれを神の心の内なるある種の観念とし、ライプニッツは群棲する魂だと言う。ということは、どちらも第一の問は肯定し、第二の問に対してのみ常人からかけ離れた答えをするわけである。事実ほとんどすべての哲学者が、実在のテーブルがあることに同意するように思われる。つまり、「色、形、なめらかさなど、どれほど多くのセンスデータが私たちに依存するとしても、それらが生じていることは、私たちから独立な何かが存在するしるしである。そしてそれはセンスデータとはまったく異なるのだが、しかし実在のテーブルと私たちが適切な関係にあるときには、いつでもセンスデータの原因になると見なされているものである」ということは同意されるのである。

すべての哲学者が同意するこの点——その本性がなんであれ、実在のテーブルがあ﹅る﹅という見解——が決定的に重要なのは明らかだろう。それゆえ、実在のテーブルの本性に関するさらなる問いにとりかかる前に、この見解を受け入れる理由を考察することには意義がある。次章では、そもそも実在のテーブルがあると思う理由を考えることにする。

先に進む前に、これまでに分かったことは何かを、ざっと頭に入れておこう。五感によって知られるとされる、ごくありふれた対象を取りあげるなら、次のように思われたのだった。五感が直接教えることは、私たちから独立な対象についての真理ではなく、センスデータについての真理にすぎない。そしてセンスデータは、これまでに分かったかぎりでは、私たちと対象との関係に依存する。したがって私たちが直接に見て感じているのはただの「現象」であり、そしてそれを私たちは背後にある何らかの「実在」の記号だと信じているのだ。しかし、実在が見えないのなら、そもそも実在の有無を知る手立てがあるのだろうか。そしてもしそれを知りうるのだとすれば、実在がどんなものかを見出す手立てはあるのだろうか。

　これはまったく途方にくれる問題なので、それに答える仮説がどんなに奇妙なものでも、正しくないということがなかなか示せないのである。かくして、今までまったくといってよいほど何も考えさせなかった見なれたテーブルが、驚くべき可能性に満ちた一つの問題になる。テーブルについて分かったのは、私たちが思っているものとは違うということだけだ。このささやかな成果を超えると、今のところはどのように推測しようとまったく自由なのだ。ライプニッツはそれを魂の共同体であると言い、バークリは神の心の内なる観念だと告げる。真面目な科学は驚異的であることにかけてはまったくひけをとらず、膨大な数の激しく動き回る電荷の集まりであると教えてくれる。

かくも驚くべき可能性にとりかこまれると、そもそもテーブルなど存在しないのではないかという疑いが生じてくる。このように、哲学は、望まれているほど多くの問いに答えられないとしても、問いを立てる力は持っている。そして問いを立てることで、世界に対する興味をかきたて、日々の生活のごくごくありふれたもののすぐ裏側に、不可思議と驚異が潜んでいることを示すのである。

第2章　物質は存在するか

この章で問題にしなければならないのは、どういう意味であれ、物質なるものがあるかどうかである。ある内在的な本性[9]を持ったテーブルが存在し、見ていないときにも存在し続けているのか。それとも想像の産物にすぎず、長い夢の中で見ている夢のテーブルでしかないのか。これはとてつもなく重要な問題である。なぜなら、対象が「私たちが知覚することから」独立して存在すると確信できないなら、他者の身体についても確信できなくなる。さらには、その身体を観察する以外に、他者に心があると信じる理由はまったくないため、他者の心についてはなおさら確信できなくなるからだ。それゆえ、もし対象が独立して存在すると確信できないならば、私たちは一人孤独に砂漠に取り残されることになるだろう――[10]外界はその全体が夢にすぎず、存在するのは私ひとりなのかもしれない。これはあまり気持ちのいい可能性ではない。とはいえ、こんな可能性はないと厳密に証明することはできないとしても、本当に夢にすぎないと想定すべき理由もまったくないのである。なぜないと言えるのか、これこそ本章で理解しておくべきことである。

不確かな問題にとりかかる前に、多少なりともしっかりした地点を見つけておき、そこから出発することにしよう。私たちは、テーブルが物体として存在することを疑うとしても、テーブルは存在すると考えさせたセンスデータが存在することは疑わない。見ている間は何らかの色や形が見えていること、押している間は何らかの硬さの感覚を経験していることは疑われない。こうした心理的なことはどれも、何の疑問も呼び起こさない。それどころか、他に何が疑えるにせよ、私たちの直接経験のうちの少なくともいくつかは絶対に確実だと思われる。

近代哲学の創始者であるデカルト（一五九六―一六五〇）は、今でも有益な方法を創造した。体系的懐疑の方法である。きわめて明晰判明に正しいと分からないものは、何も信じるまい、疑わないでいる理由が見つかるまでは、疑えるものなら何でも疑おう、彼はそう決心した。この方法を使うことで、存在することが絶対に確実なのは自分自身だけだと、デカルトはしだいに確信するようになった。デカルトは、「人を欺く悪霊が、本当は存在しない物を私の感覚に映し出し、次々と知覚させているのではないか」と想像した。そんな悪霊が現実にいる可能性はきわめて低いが、ないわけではない。それゆえ感覚によって知覚される物は疑うことができる。

だが、自分自身が存在することは疑えない。なぜなら、デカルト自身が存在していなければ、いかなる悪霊も彼を欺けないからである。デカルトが疑っているのなら、彼は存在しているにちがいない。内容が何であれ、デカルトが何かを経験しているかぎり、彼は存在するはずだ。こうして、自分が存在することは、デカルトにとって絶対に確実だったのである。彼は「われ思う、ゆえにわれ在り *Cogito, ergo sum*」と言い、この確実さを基にして、彼が疑いによって荒廃させた知識の世界の再建にとりかかる。懐疑の方法を創造したこと、そして主観的なものこそ最も確実だと示したことにより、デカルトは哲学に大きな寄与をなした。現在でも哲学を学ぶ人すべてにとってデカルトが有益なのも、このためである。

しかし、デカルトの議論を使うには注意しなければならないことがある。確実性を厳密にとるなら、「われ思う、ゆえにわれあり」は余分なことまで言っている。昨日と今日とで自分は同一の人物だと私たちはかたく確信しており、またある意味でこれは疑いなく正しい。しかし実在の「本当の」自我は、実在のテーブル同様到達しがたいもので、一つ一つの経験に備わる、絶対的で納得せざるをえない確実性を持っているようには見えない。テーブルを見つめて茶色が見えているまさにその時、きわめて確実であるのは、「私が茶色を見ている」ではなく「茶色が見られている」である。もちろんこれは、茶色を見ている何か（あるいは誰か）を含んでいる。しかし「私」と呼ばれている、多少なりとも存在し続けている人物を含んでいるわけではない。直接の「経験が持っている」確実性が示すかぎりでは、茶色を見ているものがきわめて刹那的で、次の瞬間に別の経験をする何かと同一ではない可能性が残る。

したがって、ひとつひとつの考えや感じこそが最も根底的な確実性を持っているのである。そしてこのことは正常な知覚だけでなく、夢や幻覚についても言える。つまり、夢や幽霊を見ているときにも、自分が持っていると思う感覚を、私たちは確かに持っている。たださまざまな理由から、その感覚に対応する物的な対象はないと考えられるのである。それゆえ、自分の経験に対して、確実な知識が持てる範囲は制限されてはならず、例外なく確実に知られると認めるべきなのである。よって、どのように役立つかはともかく、知識の探求を開始するためのしっかりした地盤がここに手に入ったことになる。

すると、考えるべき問題はこうなる。自分が持っているセンスデータを確信しているとして、そのセンスデータはそれとは異なる何かが――「物的対象」と呼べるものが――存在するしるしだとする理由はあるだろうか。テーブルと結びついていると見なされるのが自然なセンスデータをすべて数え上げたとき、テーブルについて言うべきことは何も残っていないのか。それとも、まだ何か残っているのか——つまりセンスデータではない、部屋を出た後でも存在し続ける何かが。常識はためらうことなく「残っている」と答える。センスデータをただ集めただけの物は、売買したり、乱暴に扱ったりテーブルクロスをかけたりできない。クロスがテーブルをすっぽりと覆ってしまったら、テーブルからはセンスデータがまったく得られなくなる。それゆえ、もしテーブルがセンスデータに他ならないとすると、テーブルは存在しなくなり、クロスは奇跡的に、以前テーブルがあった位置に浮かんだままだということになる。これは明らかに常識に反している。もっとも、哲学者たらんとするもの、非常識なことに臆するようではならないのだけれども。

センスデータだけでなく、物的対象の存在もしっかりと認めておくべきだと感じるのは、誰に対しても同一の対象がほしいということがその大きな理由の一つである。十人で食卓を囲むとき、その人たちは同じテーブルクロス、ナイフ、フォーク、スプーンを見ていないと主張するのは馬鹿げているのではないか。しかしセンスデータは各人に私的である。誰かの視界に直接立ち現れているものは、その他の人の視界には直接立ち現れない。彼らはみな少しずつ違った視点から物を見ているので、物は少しずつ違ったように見えている。それゆえ、公共的で中立的な対象があるはずであり、そしてそれが複数の人によって何らかの意味で知られるのだとすれば、各人に現れる私的な個々のセンスデータに加え、さらなる何かがなければならない。では、そういう公共的で中立的な対象を信じるべき根拠が何かあるだろうか。

真っ先に自然に思い浮かぶのはこういう答えである。「人それぞれ、少しずつ違ったようにテーブルを見ているとはいえ、それでもそのとき見えているものは大体似ている。また、見えているものの違いは遠近法と光の反射の法則にしたがって起こる。だから各人の持つすべてのセンスデータの基礎となる、存在し続ける対象にはたやすく到達できるのである。私は、この部屋に以前住んでいた人からテーブルを買った。彼が持っていたセンスデータは、彼が部屋を出たときに消滅したので買えなかったが、しかしそれと大体似たセンスデータを持てるだろうという、満たされる可能性のかなり高い期待は買うことができたのであり、また実際に買ったのである。それゆえ、各人が大体は似たセンスデータを持つこと、そして時が変わっても同じ場所にいるなら、持っているセンスデータは似ていること、この二つの事実によって、センスデータだけでなく存在し続ける公共的な対象があって、その時その時に各人が持つセンスデータを支え、センスデータの原因になっていると考えられるようになるのだ。」

しかしこうした考えは、自分以外にも人がいるという想定に頼っている以上、今まさに問題にしていることの答えを先に決めてかかっている。他者が私にその姿をあらわすのは、見た目や声など、何らかのセンスデータを通じてである。それゆえ、もし自分のセンスデータから独立に物的対象が存在すると信じる理由が何もないなら、自分の夢の一部ではない他者が存在すると信じる理由もないはずだ。したがって自分のセンスデータから独立に対象が存在するに違いないことを示すためには、他者の証言には頼ることができない。その証言自体がセンスデータからできており、センスデータが自分とは独立に存在している物の記号になっていないならば、他者の証言は他者の経験が存在することを明らかにしないからである。それゆえできることなら、混じりけのない私的な経験の中に、自分とその私的な経験以外の物がこの世にあることを示す特徴を、あるいは示すための手がかりになる特徴を見つけなければならない。

自分とその経験以外の物が存在していることは、ある意味では、決して証明できないと認めざるをえない。私自身とその考え、感情、感覚から世界は成りたっており、それ以外はすべて幻に過ぎないと仮に考えたとしても、そこから論理的な不都合は何も帰結しない。夢の中で非常に込み入った世界が立ち現れているように思えても、目が覚めると思いちがいだと分かる。これはつまり、ふつうセンスデータからは対応する物的対象が推論されるのだが、夢のセンスデータはこの対応を持たずに現れることが分かったということだ（物的な世界の存在を受け入れるなら、確かに夢のセンスデータにも物的な原因が見つかる。

たとえばドアのバタンバタンいう音が原因となって、海戦に参加している夢を見ているのかもしれない。しかしこの場合、物的な原因があるとしても、現実の海戦と同じ仕方でセンスデータに対応する物的対象は存在しない)。人生全体が夢であり、その中で出会う対象はすべて自分で作り出したものだと想定することは、論理的に言って不可能ではない。しかし論理的に不可能ではないとしても、正しいと想定すべき理由もまったくないのである。それどころか、日々の生活の中で起こる諸事実を説明する手段としては、人生全体が夢だという仮説は、私たちから独立に対象が本当に存在し、それが私たちに及ぼす作用こそ感覚の原因なのだとする常識的な仮説に比べ、単純さでは劣るのである。

物的対象が本当にあると想定することで、どう単純になるのか、それを理解するのは簡単だ。猫が部屋の隅にいるのを見て、そのしばらく後に別の隅にいるのを見るなら、ふつうはその間のすべての地点を通って移動したのだろうと考える。しかし、もし猫が一組のセンスデータにすぎないのなら、私が見ていなかった所には猫はいなかったことになる。それゆえ、見ていない間は猫は存在せず、突然別の隅に出現したのだとしなければならない。他方、私が見ていようがいまいが猫は存在するとすれば、食事と食事の間に猫がどのように腹をすかせるかは、自分の空腹の経験からたやすく理解できる。しかし見ていない間は存在しないとすると、「存在しないにもかかわらず、その間に、存在しているときと同じ速さで猫に食欲がわいている」というおかしなことになるだろう。さらには、私のセンスデータになりうるのは私の空腹だけだから、猫がセンスデータの集まりに過ぎないなら、猫は腹をすかせられない。それゆえ猫を提示するセンスデータの振る舞いは、ただの色片の移動と変化とみなされ、説明しがたいものになる。空腹の表現とみなせるならきわめて自然な振る舞いに見えるのだが、ただの色片には腹はすかせられない。それは三角形にはフットボールができないのと同じことだ。

だが、猫の場合がいくら難しいと言っても、人間の場合に比べればたいしたことはない。誰かが話すとき——つまり、自分の考えや感じを結びつけているのと同じような音を聞き、同時にある種の唇の動きや表情を見るとき——、聞いているものが思考の表現だと思わずにいるのは難しい。自分が発する場合には、その音は思考を表現していることを知っているからだ。もちろん夢の中でも同様のことは起こり、間違って他人がそこにいると思うこともある。しかし夢は、大なり小なり「目覚めている」間の事柄にうながされて起こるものであり、また物的世界が本当に存在することを受け入れるなら、科学的原理によっておよその説明がつけられるものでもある。したがってどのような場合を想定したとしても、単純さを原理とするなら、自分自身とそのセンスデータだけではなく本当に対象は存在し、私たちが知覚せずとも存在するのだという自然な見方を取るようになるのである。

もちろん、私たちは議論を通じて、自分から独立な外界があると信じるようになるのではない。自分の考えをふり返るようになったときには、すでにそう信じている自分に気づく。つまりそれは本能的信念だと言えるだろう。この本能的信念は、次の事実がなかったとしたらまったく疑われなかったに違いない。それは、「少なくとも視覚の場合には、センスデータそのものが独立な対象であるかのように、本能的に信じられるのだが、しかし議論を通じてセンスデータと独立な対象は同一ではありえないことが示される」という事実である。だが、たとえこのような事実を発見したとしても——ちなみにこの事実は、味やにおい、音の場合には少しも逆説的ではなく、触覚の場合にわずかにその気があるだけだ——センスデータに対応する対象があるという本能的信念は一向に弱まりはしない。この信念は何の問題ももたらさないばかりか、かえって経験の説明を単純かつ体系的にするので、それを拒否すべきだとするまともな理由はないと思われる。それゆえ、わずかに夢に基づく疑いが残るものの、外界は本当に存在し、知覚され続けることにはまったく依存せず存在し続けると認めてよいのである。

この結論を手にするために使った議論は、期待されたほど強力ではない。それは否定できないが、しかしこれは哲学的議論の典型とも言えるものなので、この議論が持つ一般的な特徴と、その妥当性は一考に値する。本能的信念に基づかなければいかなる知識も成立せず、それゆえ本能的信念を拒否すれば後には何も残らない。ここまではよいとしても、本能的信念の中には、信じられている強さに違いがある。さらにその多くは習慣や連想を介して、本能的ではない信念――しかし間違って本能的だと思われている信念――とからみあっている。

　哲学は、最も強く抱かれている本能的信念から始め、ひとつひとつ取り出してはそこから余計な混ざりものをそぎ落としながら、本能的信念の階層構造を示さなければならない。そして最終的に提示される形式では、本能的信念は衝突しあわず、調和した体系をなすことを示さなければならない。他と衝突するということ以外に本能的信念を退ける理由はないのだから、調和した体系をなすことが分かれば、本能的信念の全体は受け入れるに値するものとなる。

　無論、私たちの信念が一つ残らず間違っていることもありうるのだから、何を信じるにせよ、少なくとも一抹の疑いは持つべきだろう。しかし、ある信念を拒否する理由になりうるのは、他の信念以外にない。それゆえ、誤りが残っているかもしれないが、信念の相互関係と前もってしておいた批判的吟味によって、知識の体系に誤りが残っている可能性を減らし、秩序ある体系を組織することができるのである。しかもそれは、基礎となるデータとして本能的に信じられることだけを認めるような体系である。そのためには、本能的信念とその帰結を整理し、それらを改めたり捨てたりしなければならない場合に一番そうしやすいのはどれかを考えればよい。

少なくともこの役割なら、哲学は果たすことができる。大半の哲学者は、正しいかどうかはともかくとして、哲学にはこれ以上のことができると信じている。哲学が、そして哲学だけが、統一された全体としての宇宙に関する、そして根底的な実在の本性に関する知識を与えることができるのだと信じている。これが正しいにせよ間違っているにせよ、今まで述べてきたもっとつつましい役割なら哲学は確かに果たせるのであり、いったん常識の妥当性を疑い始めてしまった人に、哲学の問題が含んでいる骨折り仕事を納得してもらうにはそれで十分である。

第3章　物質の本性

前章では、「センスデータ、たとえばテーブルと結びついているとみなされるセンスデータは、実際に私たちから、そして私たちが持つ知覚から独立な何かが存在するしるしになっている」ということを――根拠に基づいて論証することこそできなかったが――信じるのは合理的だということに同意した。つまり、私にとってテーブルの現象となっている色、硬さ、音などの感覚だけでなく、さらに他の何かが存在し、色や音などはその何かについての現象なのだとした。目を閉じれば色は存在しなくなり、触れている手を離せば硬さの感覚が、こぶしで叩くのをやめれば音が存在しなくなる。しかしこれらすべてが消え去るとき、テーブルも消えたのだなどと信じたりはしない。その反対で、テーブルが存在し続けるからこそ、目を開け、手を置きなおし、ふたたび叩き始めるなら、さきほどのセンスデータがすべて再現されるのだと信じている。では、知覚から独立に存在し続けているとされる、この実在のテーブルの本性はいかなるものか。この章で考察しなければならないのはこの問題である。

この問題に対して、物理学は一つの答えを出している。それはたしかに不完全なところもあり、一部は非常に仮説的ですらあるが、しかしそれなりに尊重に値するものだ。物理学は、すべての自然現象は運動に還元されるべきだとする見方を——幾分無意識的にではあるが——採ろうとしている。光、熱、音であれば、それらはいずれも波の運動のために生じ、発生源となる物体から見聞きし感じる人へと伝わるのも、その波のおかげだとされる。それはエーテルもしくは「濃密な物質」[11]の波であるが、いずれにせよ哲学者はそれを「物質」と呼ぶ。その波の性質として科学が認めるのは、空間中での位置と、動くときには運動法則に従うことだけである。他の性質も持つかもしれないということは、科学も否定しない。だが持つとしても、そうした性質は科学者にとって無用で、現象を説明するにあたって何の役にも立たない。

ときに「光とは一種の波である」と言われることもあるが、この言い方は誤解を招きやすい。私たちが直接見て、五感を通じて直に知っている光は、波の一種ではなく、まったく違った何かだからである。盲目でないかぎり誰もが知っているが、その知識を盲人に伝えようとしてもできないもの、それが光である。反対に、盲人も触覚によって空間の知識を獲得でき、また船旅では私たちとほぼ同様に波を経験できるから、波の運動は盲人にも余すところなく伝えることができる。しかし盲人に理解できるとしても、それは光が意味することではない。私たちが光で言わんとしているものは、まさに盲人にはけっして理解できず、彼らに言葉で伝えることはけっしてできない。

目の見える人なら誰もがこの何かを知っているが、科学によれば、それは実は外界にはない。それは波が光を見る人の目、神経、そして脳へとおよぼす作用を原因として生じたものである。「光は波である」と言うときの本当の意味は、波が光の感覚の物理的原因だということにほかならない。光そのものは——すなわち目の見える人が経験し、盲人は経験しないものは——私たちやその五感から独立な世界の一部ではないと科学は想定する。そしてまったく同様の所見が他の感覚にもあてはまる。

科学的な物質の世界に欠けているのは色や音だけではない。視覚や触覚を通じて得られる空間もないのである。科学の本質からして、物質は一つの空間中にあるとされなければならないのだが、しかしそれは見たり触れたりしている空間と同一ではありえない。まず、見ている空間は、触覚を通じて得られる空間と同じではない。見ている物を触ってみたらどうか、触って感じている物はどんな風に見えるかということは、幼い頃からの経験があってようやく身についたものである。しかし科学が扱う空間は触覚からも視覚からも中立であり、それゆえ触覚空間でも視覚空間でもありえない。

さらに視点の違いにより、同じ対象が人それぞれに異なる形に見える。たとえば私たちはいつも、円い硬貨は円いと判断するが、しかしそれは正面から見ないかぎり楕円に見えるだろう。硬貨が円いと判断されるときには、それは見える形とは異なる、また見える形とは独立に、それ自体として実在の形を持っているという判断が下されているのである。科学はまさにこの実在の形を扱うのだが、しかしそれは実在の空間の中にあるべきもので、誰かが見ている空間の中での形と同じではない。実在の空間は公共的だが、見えているのは私的な空間だ。人それぞれに異なる私的空間では、同じ対象が違う形をしていると思われる。だから対象が実在の形をしている実在の空間は、私的空間とは異なるはずである。したがって科学が扱う空間は、見たり触れたりする空間と結びついているものの、それとは同一ではない。それゆえ両者がどのように結びついているのかを調べる必要がある。

私たちがさしあたって認めたところでは、物的対象がセンスデータに厳密に類似していることはありえないが、しかしそれを感覚の原因とみなすことができた。そうしたものとしての物的対象は、科学が扱う空間の中にある。「物理」空間の中と言ってもよい。ここで重要なのは、「感覚が物的対象を原因とするなら、それらの対象と私たちの感覚器官、神経、脳を含む物理空間があるはずだ」ということに気づくことである。対象の感触を得るのは触れたとき、つまり物理空間内での体の一部の位置が、対象が占める場所にきわめて近いときである。対象が見えるのは、(大雑把に言って)物理空間内で対象と目の間に不透明な物体がないときである。同様にして、対象を聞き、味わい、匂いをかぐのは、対象と十分近いとき、対象が舌に触れたとき、あるいは物理空間内で身体と対象とがお互いに適切な位置にあるときだけである。対象と身体の両者が一つの物理空間にあるとしなければ、ある対象が与えられたとき、それから得られる感覚が異なる状況下でどのように変わるかということすら言えない。対象から得られる感覚は、主として対象と身体の相互の位置関係によって決定されるからである。

一方、センスデータは私的空間、つまり視覚空間や触覚空間、あるいは他の感覚が与えるかなりあいまいな空間の中に位置づけられる。科学や常識が受け入れているように、すべてを含む公共的な物理空間が一つだけ存在し、物的対象はその中にあるとすれば、物理空間内での対象の相互の位置関係は、私的空間内でのセンスデータの相互の位置関係と大体は対応するにちがいない。これが成り立つと考えてみるのは、難しくも何ともない。たとえば道路沿いにある家が別の家よりも近くにあるように見えるとき、別の感覚もその家のほうが近いという意見を支持するだろう。歩いて行くと早く着く。その家のほうが近いように見えるという意見に他の人も同意し、地図もそれを支持する、などのように、ありとあらゆるものが、家の間の空間関係と家を見ているときのセンスデータ間の関係が対応することを指し示している。それゆえ「物理空間が存在し、センスデータに対応する物的対象は、物理空間の中で互いに、私的空間内でのセンスデータの関係に対応するような関係を持つ」ということを受け入れてもよいのである。幾何学が扱い、物理学と天文学が前提しているのはこの物理空間である。

私的空間と対応して物理空間があると前提すれば、それについて私たちは何を知ることができるだろうか。知りうるのは、対応を確保するために必要なことだけである。つまり、物理空間自体がどのようなものかはまったく知りえないが、空間関係から生じる物的対象の配列なら知ることができるのである。視覚空間内の直線なら私たちはその様子を見て知っているが、それと同じようにして物理空間中の直線を知ることはできない。にもかかわらず、たとえば日食のあいだは、地球・月・太陽が一直線に並んでいることが分かる。このように、私たちは物理空間に関して多くを知るが、それは距離そのものではなくむしろ距離関係に関することなのである。距離の大きさの違いや平行であることなら知りうるが、私的空間内で距離や色、音などのセンスデータを直接面識(12)[acquaintance]するのとおなじように、物理的な距離を直接面識することはできない。生まれながらの盲人が、視覚空間に関して他人を通じて知りうるようなことなら、私たちも物理空間に関してそのすべてを知ることもできる。だが盲人が視覚空間に関してけっして知りえないようなことについては、私たちも物理空間に関して知ることができない。センスデータとの対応を保証するために必要な関係の諸性質を知ることはできても、それらの関係に立つものの本性は知りえないのである。

時間をとりあげてみよう。周知のとおり、持続や時間の経過の感じは、時計が刻む時間の経過を正確に教えてはくれない。退屈しているときや痛みに耐えているときには時間はゆっくりと経つが、気持ちよくすごしているときには早く、寝ているあいだには、まるで時間などなかったかのように過ぎ去る。それゆえ時間が持続から成り立つとするなら、空間と同様に公共の時間と私的な時間を区別する必要がある。しかし、時間が前後という順序から成り立つとするかぎりでは、このような区別は必要ない。どこをどう見ても、出来事が持つように見える時間の順序は、それが実際に持っている順序と同じである。両者は異なるとする、ほんのわずかの理由もない。これと同じことが、空間についてならごくあたりまえの真理になる。連隊が行進しているとき、その形は視点によって違って見えるが、どの視点からでも同じ順序で人が並んでいるように見えるだろう。したがって私たちは、同じ順序が物理空間内でも真だと見なすのだが、形は順序を保存するのに必要なかぎりで物理空間と対応すると考えられるにすぎない。

出来事が持つようにみえる時間順序が、本当に持っている順序と同じだと言うと、誤解される可能性があるので注意しなければならない。異なる物的対象のさまざまな状態と、それらの知覚を作るセンスデータとが同じ時間順序を持つと考えてはならない。物的対象としては、雷鳴と稲妻は同時である。つまり、空気のかく乱が起きた場所は稲妻が生じた場所でもあり、そこでは空気のかく乱と稲妻は同時である。しかし「雷鳴を聞くこと」と呼ばれるセンスデータは、空気のかく乱が私たちのところに届くまでは生じない。同様に、太陽の光が届くには八分ほどかかる。だから私たちが見ているのは八分前の太陽なのだ。センスデータが物理的太陽に関する証拠を与えているとしても、それは八分前の太陽についてであり、仮に太陽が過去八分の間に存在しなくなっていたとしても、「太陽を見ること」のセンスデータには何の違いも起こらないだろう。これはセンスデータと物的対象を区別しなければならないことを、改めて示す事例である。

空間に関して今までに判明したのとほとんど同じことが、センスデータとその物的対応者との対応関係にも見出せる。青く見える対象と赤く見える対象があるなら、物的対象の間にも、対応する何らかの違いがあると推定するのは理にかなっている。二つの対象が青く見えるなら、それに対応する類似性があると推定してよいだろう。しかし物的対象にあって、それが青や赤に見えるようにしている性質を直接面識したいと思っても、その望みはかなえられない。科学の言うところによれば、この性質はある種の波の運動であるが、見られる空間中の波のことを考えるために、この言い回しは身近に感じられてしまう。しかし本当は、その波の運動は物理空間内になければならないので、直接面識できるものではない。だから、実在の波の運動は思ったほど身近なものではないのである。そしてそのほかのセンスデータについても、ほとんど同じことが言える。このように、物的対象間の関係はセンスデータ間の関係との対応から生じる認識可能な性質をすべて持っているが、物的対象そのものはといえば、五感を手段として発見できるかぎりではその内在的本性は知られないままである、ということが分かる。残る問題は、物的対象の内在的本性を知る手段が感覚以外にもあるかどうかである。

　少なくとも視覚のセンスデータに関して、完璧とは言えないにせよ最も自然な仮説として第一に取りあげるべきなのは、「すでに考察した理由から、物的対象がセンスデータと厳密に類似することはありえないとしても、しかし大体は似ているのかもしれない」という見解である。この見解に従うなら、物的対象は本当に色を持っているはずで、私たちは運がよければ、その本当の色をした何らかの対象を見ることもありうる。対象がある時点で持つように見える色は、まったく同じではないとはいえ、多くの異なる視点からもよく似て見える。だとすれば、違う視点から見えるさまざまな色の中間にある色が、「実在の」

色なのだとしてもよいのかもしれない。

このような理論はおそらく論破こそされないが、しかし根拠が欠けていることなら示せる。まずはじめに、見えている色は目に入る光波の本性にのみ依存するのだから、それは明らかに、対象から目へと向かう光の反射のされ方だけでなく、見ている人と対象との間の媒質によっても変化する。間の空気が澄みきっていないかぎり色は変わってしまい、反射が強すぎるとまったく別の色になってしまう。よって、目に届く光線こそが見えている色を生み出したのであり、光線源となる対象の性質だけによるのではない。したがって、特定の波が目に届いたとすると、波の源となる対象が色を持っていようがいまいが、特定の色が見えるだろう。このように、物的対象が色を持っていると想定することはまったく根拠を欠いており、正当化できない。他のセンスデータについてもまったく同じように論じることができるだろう。

ある一般的な哲学的論拠に基づいて「物質が本当にあるなら、それはしかじかの本性を持つにちがいない」と言えるかもしれないので、そんな論拠があるかどうかという問題が残されている。先に説明したように、「本当のものが何であれ、それはある意味で心的でなければならない」とか、「何が知られるにせよ、私たちが知ることができるものは、ある意味で心的でなければならない」と主張する、少なくともこの後者の主張をする哲学者は非常に多い。おそらく大半の哲学者がそう考えていると言っていいだろう。このような哲学者は「観念論者」とよばれている。物質のように見えるものも、本当は心的なのだと観念論者は教える。すなわち（ライプニッツが考えたように）多少は未発達な心であるか、物質を——ふつうの言い方で言えば——「知覚する」心の中の観念であるか（バークリはそう強く主張した）、そのどちらかだと。こうして、心と本質的に異なるものとしての物質が存在することを観念論者は否定するが、ただし私的感覚から独立に存在するものがあり、センスデータがそのしるしになっていることは否定しない。自分の理論を支持するものとして、観念論者はさまざまな理由をひねり出してきたのだが——そしてそれは間違っているというのが私の意見なのだが——次の章ではその理由を手短に考えてみることにする。

第4章　観念論

哲学者たちはそれぞれ、「観念論」という語にいくぶん違った意味をこめて使っている。ここでは、存在するものは――あるいは、少なくとも存在していると知られるものは――すべてある意味で心的でなくてはならないという説のことだとしておこう。哲学者の多くがこの説を正しいと考えているが、しかしそれにはいくつかの型があり、擁護するにもそれぞれ異なる根拠に基づいてなされている。その支持者の多さからして、また説そのものの面白さからして、哲学の全体をどんなに手短に見渡そうとしても、この説を話題にしないで済ますわけにはいかない。

哲学的思索になれていない人は、「そんな説が不合理なのは一目瞭然だ」と片付けてしまいがちである。テーブルや椅子、太陽や月、そして一般に物的対象は、心やその中身とは根本的に違った何かだと常識的に考えられ、心がなくなったとしても存在し続けると見なされている。そこに疑いの余地はない。私たちは、物質は心が存在するずっと以前から存在していたと考えており、心のはたらきが生み出したものにすぎないとはとうてい信じられない。しかし、正しい場合はもちろんのこと、たとえ間違っていたとしても、観念論は「不合理なのは一目瞭然だ」と片付けられるものではないのである。

　これまでのところ、「物的対象が独立に存在していたとしても、センスデータとそれらが大きく異なるのは間違いない。両者の間には、カタログとそこに掲載されている品物が対応するのとちょうど同じ対応関係があるにすぎない」ということが分かっている。つまり、物的対象が存在するという常識は、その対象の真の内在的本性に関してはまったく口を閉ざしているのである。それゆえ、物的対象の本性を心的だとするまともな理由があるなら、そう考えるのは奇妙に思われるという理由だけで、その意見を退けるのはけっして正当ではない。物的対象についての真理は、奇妙なものにちがいない。また、手に入れる望みのない真理だということすらありうる。しかし哲学者がその真理を手に入れたと信じているのなら、ただそれが奇妙だというだけで哲学者の提案に反対してはならないのである。

　観念論を擁護する根拠は普通、知識の理論から得られる理由に基づいている。つまり、「私たちに知られうるものであるために、物が満たさなければならない条件」を論じることに基づく。このような根拠から観念論を確立しようという試みに、初めて真剣に取り組んだのはバークリ僧正だった。彼はまず、おおむね妥当な議論により、センスデータは私たちから独立に存在するとは考えられないこと、そして少なくともその一部は心の「中」になければならないことを証明した。「心の「中」にある」とは、この場合、見聞きせず、触れたり嗅いだり味わったりしていないならセンスデータは存在し続けないだろうという意味である。ここまでは、議論に多少の問題があったとはいえ、バークリの論点はほぼ妥当だった。しかし彼は続けて、知覚を通じてその存在が確信されるのはセンスデータだけであり、そして知られるということは心の「中」にあるということなのだから、何かが知られるということはそれが心的だということなのだと論じたのである。こうして、何らかの心の中にないものは決して知られえず、私の心の中にないにもかかわらず知られるものは、いずれも他の何かの心の中にあるにちがいない、バークリはこう結論を下したのだった。

バークリの議論を理解するためには、彼の「観念」という語の用法を理解しなければならない。直接に知られるもの、たとえばセンスデータがそうだが、そうして知られるものすべてにバークリは「観念」という名を与える。だからある特定の色が見えているならそれは観念であり、聞こえている声なども観念だ。しかしこの語があてはまるのはセンスデータだけではない。記憶や想像されているものもあり、思い出したり想像しているあいだはそれらもまた直接面識されている。このように直接与えられているものなら何でも、バークリは「観念」と呼ぶ。

そうしておいて、彼は木のようなありふれた対象の考察に移る。バークリは、木を「知覚」するときに直接知られるものはすべて、彼が言う意味での観念からできていることを示した。そしてさらに、木に関して、知覚されているもの以外に何かが実在すると考える根拠はまったくないと論じた。彼は言う。木があるとは、すなわち木が知覚されているということである。スコラ哲学用のラテン語で言えば、木の'esse'(存在すること)は'percipi'(知覚されること)なのだ。バークリも、見ていた人が目を閉じたり、そばに誰もいなくなったとしても木は存在し続けているにちがいないことは重々承知している。しかし彼によれば、それは神が木を知覚し続けているおかげなのである。つまり実在の木——それは今まで「物的対象」と呼んできたものに相当する——は、神の心の中の観念なのである。そしてその観念は、私たちが木を見るときに持つものと大体似ているが、木が存在し続けるかぎり神の心の中にかかわることなく存在する点で異なる。バークリによれば、私たちが知覚するということは、つねに神に知覚の一部を分けてもらうことなのであり、人々がほぼ同じ木を見るのもこの分け前のおかげなのだ。かくして心とその観念以外の何もこの世にはなく、これら以外のものが知られることも絶対に不可能になる。なぜなら知られるものは必ず観念なのだから。

以上の議論にはかなりの間違いがある。それらは哲学の歴史においても重要な位置を占めていたのであるから、その間違いを明るみに出すこともまた重要だろう。まず、「観念」という語を使うことで混乱が生じている。私たちは観念を、本質的に誰かの心の中の何かだと考える。それゆえ「木はただ観念のみからなる」と言われるとき、仮にそれが正しいなら、当然のことながら、木は心の中にすっぽり含まれるにちがいないと想定されることになる。しかし「心の中」にあるという概念はあいまいである。ある人のことを心に抱くと言うとき、それが意味しているのはその人が心の中にいるということではなく、その人についての思考が心の中にあるということにほかならない。「仕事の準備をしなければならなかったのだが、そのことは心の中から追い払った」と言う人は、仕事そのものが心の中に居すわっていたと言うつもりはなく、以前はその仕事についての思考が心の中にあったが、後になってなくなったと言いたいにすぎない。それゆえ「木を知ることができるなら、それは心の中になければならない」とバークリが言うとき、彼に言う権利があるのは、実は「木についての思考が心の中になければならない」ということだけだ。木そのものが心の中になければならないと論じるのは、心に抱かれている人は、その心の中にいなければならないと論じるも同然である。有能な哲学者にしてはあまりにもひどい混乱をしたものだが、それは議論を取り巻くさまざまな状況のためだ。どうしてこんな混乱が起こりえたのかを知るためには、観念の本性の問題に立ち入る必要がある。

センスデータと物的対象に関して生じる問題にはまったく異なる二つのものがあり、観念の本性に関する一般的な問題を取り上げる前にそれらを区別しておかなければならない。いろいろと詳しい理由を挙げて、バークリは木の知覚を構成しているセンスデータを、木と同時に私たちにも依存し、木が知覚されなくなれば存在しなくなるという意味で、主観的なところがあるものとして扱った。その点で彼が正しかったことはすでに見たとおりだが、しかしそれは、直接知られるものは何であれ心の中になければならないことを証明するために必要な論点ではまったくない。センスデータが私たちに依存していることについて詳しく論じても、この目的には何の役にも立たないのである。必要なのは、「物が知られることは、それが心的であることを示している」ということを一般的に証明することである。バークリは自分はこれを証明したのだと信じていた。今考察しなければならないのもこの問題であって、先述したセンスデータと物的対象の違いに関する問題ではない。

バークリの意味で「観念」という語を理解するなら、観念が心の前にあるときにはつねに、まったく異なる、二つの考察すべきものがあることになる。一つには、私たちが意識する物――たとえばテーブルの色――があり、もう一つは、私たちが現になしている意識そのもの、つまり物を捉える心のはたらきである。心のはたらきは疑問の余地なく心的だが、捉えられた物を何らかの意味で心的であるとする理由はあるだろうか。色に関するこれまでの議論は、色が心的であることを証明したのではなかった。色の存在は、感覚器官と物的対象——たとえばテーブル——との関係に依存することが証明されたにすぎない。要するに、ある程度の明かりの下で、正常な目がテーブルと相対的に何らかの位置にあれば、ある種の色が存在するだろう、ということが証明されたのであり、見る人の心の中にあるということではなかった。

色が心の中になければならないのは明らかだというバークリの見解は、捉えられる物と物を捉えるはたらきとを混同するためにもっともらしくなっている。どちらも「観念」と呼べるし、バークリもそうしていたことはほぼ間違いない。はたらきが心の中にあることは疑いようがないので、はたらきが念頭にあるときには、観念は心の中になければならないという見解はただちに同意される。そうしておいて、この見解が正しいのは観念をはたらきとして理解するときだけだということを忘れ、もう一つの意味での観念へと移り、「観念は心の中にある」という命題をそれにあてはめてしまう。すなわち、はたらきによって捉えられた物にあてはめてしまうのである。かくして、異なる意味を無意識のうちに混ぜ合わせることにより、捉えられるものはすべて心的でなければならないと結論されるに至る。バークリの議論とその根本にある誤りを正しく分析すれば、以上のようになるだろう。

物を捉えるはたらきと対象を区別するべきだというこの論点は、私たちの知識獲得能力の全体と密接に関わるだけに、きわめて重要である。心にとって自分と異なるものを面識する能力は、その特徴の中でも最も重要なものだ。対象を面識するということの本質は、心とそれ以外のものとの関係にあり、これこそが物を知る心の能力を作り上げているのである。知られている物は心の中になければならないと言うなら、それは知るという心の能力を不当に制限するか、同じことを単に言い換えたにすぎないかのどちらかになる。「心の中にある」は「心の前にある」と同じ意味だとすると、つまり心によって捉えられているという意味に過ぎないのなら、その発言は同じことを言い直しているだけである。ところが、それがこの発言の言わんとすることなのであれば、この意味で心の中にあるにもかかわらず心的でないものもありうると認めなければならない。したがって知識の本質をはっきり理解すれば、バークリの議論は形式上おかしいだけでなく、結論の内容からして間違っていることが判明する。そしてバークリが、「観念」――すなわち捉えられる対象――は心的でなければならないと考えた根拠は、まったく妥当でないことが見てとれる。それゆえバークリが観念論を擁護するために持ち出した根拠は退けてしまってよい。しかしまだ、別の根拠がないかどうかの確認が残っている。

しばしば、まるで自明で当たり前のことのように、「自分の知らない何かがあるということを、私たちは知ることができない」と言われることがある。そこから、「どんな仕方であれ私たちの経験に関わるものはすべて、私たちが知っているものでなければならないか、あるいは少なくとも知ることが可能でなければならない」と推論される。さらには「もし物質が本質的に、私たちが面識できないようなものだとすれば、物質が存在することを知るのは不可能であり、かつ私たちにとって何の重要性も持たないだろう」ということが導かれ、その上で理由をうやむやにしたまま、その主張から一般的に、「私たちにとって何の重要性も持たないものは実在できないので、もし心やそれが抱く観念から物質ができているのでないとすれば、物質はありえないもの、妄想の産物だということになる」と結論されるのである。

今の段階では以上の論証に深く立ち入った議論をするわけにはいかない。そうするには、それが提起する論点について前もってかなり論じなければならないからだ。しかしこの論証を拒否するいくつかの理由は、すぐに思いつくだろう。結論から始めよう。「私たちにとって実際上まったく重要でないものは実在しない」と考える理由は何もない。確かに、理論的な重要性まで含めれば、実在するものはすべてある程度重要になる。なぜなら、宇宙に関する真理を知りたいと望むために、宇宙が含むあらゆることに対し、私たちはある程度の興味を抱くからである。だがこの種の興味を含めるなら、物質は存在するかぎり——存在することが知られないとしても——何の重要性もないものではなくなってしまう。物質は存在しないのではないかと疑ったり、存在するだろうかと疑問に思うことができるのは明らかであり、物質は私たちの知識欲に関わり、その欲求を満たすか挫折させるかするという重要性を持つことになるからである。

さらに、「私たちは、自分の知らない何かがあるということを、知ることができない」ということはけっして当たり前ではなく、それどころか間違ってさえいる。このように言われるとき、「知る」という言葉は二つの違った意味で使われている。（1）第一の用法では、誤謬と対比される知識に当てはまり、私たちが知ることは真であるという意味で使われ、信念や確信など判断と呼ばれるものに対して適用される。この意味で私たちが知っているのは、何かが成立しているということである。この種の知識は真理の知識であると言ってもよい。（2）第二の用法では、「知る」という語は、もの[14]に関する知識に適用される。私はその知識を「面識 acquaintance」と呼ぶことにしたい。この意味で私たちはセンスデータを知るのである（「知る」という語の用法に含まれている区別は、大まかに言って、フランス語での savoir と connaître の、あるいはドイツ語での wissen と kennen の区別に相当する)。
したがって、当たり前の原理であるかのように見えた言明は、言い直すと次のようになる。「私たちはけっして、自分が面識していない何かが存在すると、正しく判断できない」。これは当たり前どころか、明らかに間違っている。私は中国の皇帝を面識するという光栄に浴していないが、彼が存在していることを正しく判断している。もちろん、皇帝と面識のある人が他にいるからこそ、そう判断できるのだとも言えるが、しかしこれは反論にならない。なぜなら、もし原理が正しいなら、皇帝と面識のある人がいることすら私は知ることができないからである。また、「私は、誰も面識していない何かが存在することを知らないはずだ」と考える理由もまったくない。この点は重要なのではっきりさせておかなければならない。

存在するものを面識しているなら、その面識は、そのものが存在するという知識を与える。しかし逆は成り立たない。あるものが存在するということを知りうるとしても、私や誰か他の人がそれを面識していなければならないわけではない。面識せずに正しく判断しているときに生じているのは、「記述を介してものを知る」ということ、および、「その記述にあてはまるものの存在を面識しているものの存在から一般的原理を通じて推論できている」ということの二つである。この点を十分に理解するために、まずは面識による知識と記述による知識との区別を論じたい。そのうえで、一般的原理の知識のうちに、自分の経験が存在するという知識に匹敵する確実さをもつものがあるかどうか、あるとすればそれは何かを考察するのがよいだろう。以下の章で扱うのはこれらの話題である。

第5章　面識による知識と記述による知識

知識には、ものの知識と真理の知識の二種類があることが前章で判明した。この章では、ものの知識のみを取り上げるが、これもまた二種類あり、区別しなければならない。面識による知識と言われる場合、ものの知識はいかなる真理の知識よりも本質的に単純である。また、同時に真理を知ることなくものは面識されると決めてかかるのは軽率だが、しかし論理的には、面識によるものの知識は真理の知識から独立である。これとは対照的に、本章を通じて理解されることだが、記述によるものの知識は、その源であり根拠でもある真理の知識をつねに含んでいる。だが、まずは「面識」と「記述」の意味をはっきりさせなければならない。

推論過程や真理の知識によって媒介されることなく直接意識しているものすべてに対し、「私たちは面識を持つ」と言うことにしよう。よって、テーブルが目の前にあるとき、私はそのテーブルの現象を形づくるセンスデータ――色や形、硬さやなめらかさなど、テーブルを見て触れているときに直接意識しているすべての物――を面識している。私が今見ているその特定の色に関して、言うべきこと――茶色だとか、かなり暗い色だ、など――は多々あるかもしれない。しかしそうした言明は、その色に関する真理を知らせてくれはするものの、だからといって、それによって色そのものが前よりもよく分かるようになるわけではない。真理の知識とは対照的に、色そのものの知識はそれを見たときに完全に得られるのであって、色そのものをこれ以上知る可能性は理論的にすらない。したがってテーブルの現象を形づくるセンスデータは、私が面識し、そしてそのあるがままを直接知っている物なのだ。

対して、物的対象としてのテーブルの知識は直接的ではない。そのような知識は、テーブルの現象を形づくるセンスデータを面識することを通じて獲得される。すでに見たとおり、センスデータを疑うことは不可能だが、テーブルが存在しているかどうかを疑うことは可能であり、そこには論理的につじつまの合わないことは何もない。テーブルに関するこの種の知識は、「記述による知識」であると言える。テーブルをセンスデータによって記述すれば、「これこれのセンスデータの原因となる物的対象」となる。テーブルについて何を知ろうとしても、私たちは面識している物とテーブルをつなぐ真理――つまり、

「これこれのセンスデータは、ある物的対象を原因として生じた」——を知らなければならない。テーブルを直接意識するという心の状態など存在せず、それについて知っていることは、実はどれも真理の知識なのである。厳密に言うなら、私たちは実際にテーブルである物をまったく知らない。知っているのは記述であり、かつ、その記述に当てはまる対象がただ一つだけあるということにすぎない。対象そのものを直接知っているわけではないのである。こうした場合に私たちが対象について持っている知識を、「記述による知識」と言うことにする。

ものの知識も真理の知識も、つまりはすべての知識が、面識に依存し、面識を基礎とする。それゆえ重要なのは、どのようなものを私たちは面識しているかを考察することである。

センスデータが私たちが面識しているものの一つであることは、すでに判明したとおりである。実際、それは面識による知識の最も顕著な例である。しかしそれだけが面識による知識の例なのだとすれば、知識は私たちが実際に持っているよりもかなり制限されることになる。今まさに感覚に立ち現れているものしか知らず、過去については何も——過去が存在したということすら——知ることができないということになるだろう。さらには、センスデータに関するいかなる真理も知りえないことになる。というのも、後で明らかになるように、真理の知識はいずれも、センスデータとは本質的に異なる特徴を持つものとの面識を必要とするからだ。そうしたものは時折「抽象観念」と呼ばれることもあるが、ここでは「普遍」と呼ぶことにしたい。それゆえ、知識の分析をまずまず適切に行おうとすれば、どうしても、センスデータ以外のものとの面識を考察しないわけにはいかないのである。

第一に、センスデータから記憶による面識へと考察を広げよう。私たちはしばしば、かつて見聞きしたもの、あるいはそれら以外の感覚に立ち現れたものを覚えている。これは明らかである。またそうした場合に、私たちが覚えている何かが直接意識されていることも——それは現在ではなく過去のものとして現われるという事実はあるが——やはり明らかだろう。過去に関するすべての知識は、この記憶による直接の知識から始まる。これがなかったとしたら、過去を推理して得られる知識すら不可能だろう。なぜならその場合、私たちは推理されるべき過去があったということすら知るべくもないからである。

次に、内観による面識へと考察を広げよう。私たちがものを意識するだけでなく、それらを意識していることを意識するのはよくあることだ。たとえば太陽を見るとき、しばしば自分が太陽を見ていることを意識する。それゆえ「太陽を見ること」は私の面識する対象の一つである。食欲があるときに、食べ物に対する欲求を意識することがあるから、「食べ物に対する欲求」は私が面識する対象である。同様にして、私たちは快苦をはじめとして、一般に自分の心に生じる出来事を面識できる。「自己意識 self-consciousness」と言ってもよい。心的なものについての知識はすべて、この種の面識から生み出される。こうして直接知ることができるのは、明らかに自分自身の心に生じることのみである。他者の心に生じていることを知るのは、その人の身体の知覚を経てのことだ。つまりそれはセンスデータを通じて知られるのであるが、そのセンスデータは他者の身体と結びついているものの、生じているのは知覚者の中である。だがこの場合でも、自分の心の内容を面識していなかったとすると、他者の心は想像不可能になり、結局他者は心を持つという知識は絶対に手の届かないものになるだろう。自己意識は人間と動物を分けるものの一つだという考えは、ごく自然なものに思われる。動物はセンスデータを面識するとしても、それを面識していることを意識するには到らないと考えられている。ただし、その言わんとすることは、自分がセンスデータを面識しているかどうかを動物は疑っている、ということではない。自分が感覚や感情を持つという事実、あるいは感覚や感情の主体としての自分が存在するという事実を、動物は決して意識しないということだ。

自分の心の内容との面識を自己意識として論じたが、もちろんそれは自我［*Self*］を意識することではない。意識されているのは、ひとつひとつの思考や感情である。「個別の思考や感情を取り去った、思考や感情と対比されるむき出しの自我も面識されるか」という問題は非常に難しく、肯定的に論じるのは性急である。自分を見ようとして胸のうちをふり返ってみても、そこで出会うのはつねに個別の思考や感情であり、考えたり感じたりしている「私」ではないと思われる。一方、他のものの面識から区別して取り出すのは難しいとしても、「私」は面識されるのだと考える理由もないわけではない。どういった理由があるかをはっきりさせるために、「個別の思考を面識することが本当に含んでいるのは何か」という問題をしばらく考えてみよう。

「太陽を見ること」を面識しているとき、私は明らかに、互いに関係しつつも異なる二つのものを面識している。一つには、私に太陽を提示するセンスデータがあり、もう一つ、そのセンスデータを見ているものがある。面識はいずれも――私が太陽を提示するセンスデータを面識するときのように――面識する人と、その人が面識する対象との関係だということは明白だろう。私がある面識関係を面識できている場合（たとえば、私が太陽を提示するセンスデータに対してもつ面識を、自分で面識するような場合）なら、その面識関係に立っている人は明らかに私自身である。したがって、自分が太陽を見ていることを私が面識しているとき、面識されているのは「自我—面識—センスデータ」という事実全体である。

さらに、私たちは「私はこのセンスデータを面識している」という真理を知っている。

「私」と呼ばれている何かが面識されていないのなら、どのようにしてこの真理を知りえたのかが分からず、さらにはその真理の意味すら理解できないことになる。ある程度の期間は存在し続け、それゆえ昨日と今日とで同一であるような人物を面識していると想定する必要はないかもしれない。だとしても、太陽を見たりセンスデータを面識したりするもの、その本性がなんであれそうしたことをするものを、私たちは面識していなければならないのではないか。それゆえ、私たちはある意味で、個々の経験と対比されたものとしての自我を面識していると思われる。だがこの問題は難しく、賛否双方の立場から込み入った論証を提示できる。だから、おそらく自分自身を面識しているのだろうが、そうにちがいないと断定するのは賢明ではない。

存在するものを面識することについてこれまで論じてきたが、それを次のようにまとめることができるだろう。私たちは、感覚するときには外的感覚のデータを、内観するときには「内的感覚の対象」と言えるデータ――思考、感情、欲求など――を面識し、また記憶しているときには、かつて外的感覚か内的感覚のデータであったものを面識している。さらに確実にそうだとは言えないが、おそらくものを意識したり欲したりするものとしての自我を私たちは面識している。

私たちは、存在する個別のものだけでなく、白さや相違、兄弟であることなどの一般観念、すなわち普遍も面識している。すべての動詞は普遍を意味するので、完成した文はつねに、少なくとも一つは普遍を表す語を含まなければならない。普遍に関しては後ほど、第9章で論じることにし、いまはただ、面識されるものは個別的で存在するものでなければならないと考えないよう、気をつけておきさえすればよい[15]。普遍を意識することは「把握する conceiving」と言われ、意識される普遍のことを「概念 concept」と言う。

私たちが面識する対象の中には、(センスデータと対比されるものとしての)物的対象も、他者の心も含まれないことが分かるだろう。これらについて知識が得られるのは、私が「記述による知識」と呼ぶものによるのである。いよいよその考察に取りかからなければならない。

私が「記述」と言っているのは、「何々であるもの a so-and-so」とか「何々である唯一のもの the so-and-so」という形をしたすべての表現のことである[16]。「何々であるもの」という形の表現は「不確定」記述、「何々である唯一のもの」(「何々」という表現が単数形で用いられている場合)という形式をした表現を「確定」記述と呼ぶことにしよう。よって「ある人 a man」は不確定記述であり、「鉄仮面をかぶった唯一の男 the man with the iron mask」は確定記述である。不確定記述にまつわる問題もいろいろあるが、しかしそれは素通りすることにする。というのも、私たちが今論じているのは「ある確定記述に当てはまる対象が存在することを知っているが、そうしたものを何一つ面識していない場合に、私たちがそれに関して持っている知識の本質は何か」という問題であり、それには不確定記述は直接には関わりを持たないからだ。これに関わってくるのは、もっぱら確定記述である。それゆえ、以下では「記述」によって、確定記述のことを意味することにしたい。だから「記述」といえば、単数形の「何々である唯一のもの」という形をしたすべての表現のことだ。

ある対象が「何々である唯一のもの」だと知っているとき、すなわち何らかの性質を持った対象が一つだけ存在することを知っているとき、その対象は「記述によって知られている」と言うことにしよう。またこう言われるときには、普通は「その同じ対象は面識によっては知られていない」という含みがある。鉄仮面をかぶった唯一の男がいたことが分かっており、彼について多くの命題が知られている。だが彼が誰だったのかを、私たちは知らない。あるいは、最多得票する唯一の候補者［the candidate who gets the most votes］が当選することになることが分かっている。そしてこの場合、私たちが実際に最も票を集めることになる候補者を面識している可能性は（他人を面識できると認めるかぎりでは）非常に高い。しかし開票が行われていない時点では、それが誰なのかは分からない。つまり、「A」をある候補者の名前とすると、私たちは「Aこそが最多得票する唯一の候補者だ」という形の命題をまったく知らないのである。そこで、何々であるような唯一のものがあると知り、さらには実際に何々である対象を面識していることすらありうるが、しかし「aは何々である唯一のものである」という命題――ここで「a」は面識しているものの名前である――を何も知らない場合、私たちは「単なる記述による知識」しか持っていないということにしたい。

「何々である唯一のものが存在する the so-and-so exists」は、何々であるものがただ一つだけ存在することを意味し、「aは何々である唯一のものだ a is the so-and-so」は、aが何々という性質を持ち、a以外のものは持たないことを意味する。たとえば「A氏はこの選挙区における、統一党の唯一の候補者である Mr. A. is the Unionist candidate for this constituency」は、「A氏はこの選挙区における、統一党の候補者であり、他にそんな人はいない」という意味である。そして「この選挙区における統一党の唯一の候補者が存在する The Unionist candidate for this constituency exists」は、「誰かひとり、この選挙区における統一党の候補者である人がおり、そして他の誰もそうではない」を意味する。したがって、何々である唯一の対象を面識しているなら、私たちは何々である唯一のものが存在することを実際に知っているのだが、しかしその可能性は対象を面識している場合に限られない。私たちが面識している対象のなかに、唯一の何々であることが分かっているものが何もないときにも、あるいは唯一の何々である対象が——分かっているかどうかはともかく、事実そうである対象が——ないときですら、「何々である唯一のものが存在する」と知っているということがありうるのである。

たいていの一般名は、そして固有名ですら、本当は記述にほかならない。つまり、固有名を正しく使っている人の心にある思考は、一般に、その固有名を記述に置き換えたときにはじめて完全に表現できるのだ。さらにまた、思考を表現するために必要な記述は人それぞれに異なり、また同じ人でも時によって異なるだろう。一定なのは——名前が正しく使われているとして——名前が適用される対象だけだ。しかしこれを一定に保つかぎり、含まれている記述がどんなに異なるとしても、その名前が現れている命題の真偽はふつうは変わらない。

具体例をあげよう。ビスマルクについて何かを言うとする。自我が直接面識されるとすれば、ビスマルク自身は自分の名前を使って、面識しているその特定の人物「ビスマルク自身」を直接指示できる。このとき、もしビスマルクが自分について判断を下すなら、ビスマルク自身がその判断の構成要素になるだろう。この場合固有名は、ある対象に対する記述の代わりをするのではなく、たんにその対象の代理として用いられている。つまり直接的な用いられ方をしているのである。名前はこのような用い方をすることがつねに望まれるが、ビスマルクを知っている人が彼について判断する場合になるとそうはいかない。この人が面識しているのは、彼がビスマルクの体に結び付けていた（正しく結びつけていたとしよう）センスデータである。それらと結びついている身体としてのみ、物的対象としてのビスマルクの身体は知られる。心についてはなおさらで、つまりは心も身体も記述によってのみ知られるのである。もちろん、誰かが友人について考えているとき、友人の外見的な特徴のうちどれがその人の心に生じるかは、ほとんど偶然による。だから、ある記述が思い浮かんだとしても、それはたまたまそうなっただけのことだ。偶然ではなく本質的なのは、友人について考えている人が、その問題となっている存在者［友人］を面識していないにもかかわらず、さまざまな記述がすべて同じ存在者に当てはまることを知っているということである。

ビスマルクに会ったことのない私たちが彼について判断するときには、念頭においているのはおそらく一群の歴史的知識だろう。数ははっきりと定まっていないだろうが、ほとんどの場合、彼を同定するために必要な数よりは多い。しかし説明を簡潔にするため、私たちはビスマルクのことを「ドイツ帝国の初代宰相 the first Chancellor of the German Empire」として考えると仮定しよう。この記述では、「ドイツ German」をのぞくすべての語が抽象的である。また「ドイツ」という語にしても、人によって異なる意味を持つ。

ドイツを旅した記憶を思い出す人もいれば、地図上のドイツを意味する人もあり、さまざまだ。しかしビスマルクに当てはまることが分かるような記述を手に入れようとすれば、記述内容のどこかに面識している個物への指示を取り込まなければならなくなる。（特定の日付とは区別した場合の）過去・現在・未来[17]や、「ここ」や「あそこ」、あるいは他人が教えてくれたことについて語る場合にもこうした指示は含まれる。だとすれば、ある個物にあてはまることが分かっている記述には――それについて、記述から論理的に引き出せること以外も知っているのなら――面識している個物に対する指示が、何らかの仕方で含まれているのでなければならないのではないか。たとえば「最も長く生きた人 the most long-lived of man」という記述は普遍だけしか含んでいないので、それが誰かにあてはまることは間違いないとしても、その誰かについて、この記述によって与えられる以上の知識を含む判断を下すことができない。しかるに「ドイツ帝国の初代宰相は抜け目のない外交家だった The First Chancellor of the German Empire was an astute diplomatist」と私たちが言うときには、面識している何か――ふつうは聞いたり読んだりして得た証言である――があるおかげで、自分の判断が正しいという裏づけを得ることができる。私たちが下す判断が重要性を持つのは、それがビスマルクに関する事実という情報を他人に伝えるからだが、しかしその事実とは別に、私たちが本当に持っている思考［ビスマルクについての記述」がある。その思考は一つないしそれ以上の個物を含むか、そうでない場合は完全に概念だけからなるのである。

人名と同様、場所の名前――ロンドン・イングランド・ヨーロッパ・地球・太陽など――が使われる場合もまた、いくつかの面識された個物をもとに作られた記述がつねに含まれている。私が思うに、形而上学の考察対象としての宇宙ですら、個物とのこうした関わりを含んでいる。これに対して論理学は、存在するものだけでなく、存在するかもしれないもの・存在しえたもの、あるいは有る［be］ものにも関わるため、現実の個物への指示をまったく含まない。

記述によってのみ知られる何かについて語るとき、私たちはしばしば、記述を含む形の言明ではなく、記述されている現実の物に関する言明をしようと意図するだろう。つまり、ビスマルクについて何か言うときには、ビスマルクだけが為しうる判断、すなわちビスマルク自身が構成要素となっている判断を、できることなら私たちもまた下したいと思う。しかし私たちは現実のビスマルクを知らないので、それは必ず失敗に終わる。ところが、私たちは「ビスマルク」と呼ばれる対象Bがあること、そしてBは抜け目のない外交家だったことを知っているので、主張したいと思っていた命題(18)――ビスマルクをBという対象とした場合の「Bは抜け目のない外交家だった」――を記述することができるのである。

ビスマルクを「ドイツ帝国の初代宰相」と記述するなら、主張したいと思っていた命題は、「ドイツ帝国の初代宰相だった現実の対象について、それは抜け目のない外交家だったと主張する命題」と記述できる。私たちは互いに異なる記述を用いるにもかかわらず、会話をすることができる。それは私たちが、現実のビスマルクに関する正しい命題が存在することを知っているからであり、またどんなに記述が変わっても記述される命題は（記述が正しいなら）変わらないからである。私たちが関心を持つのはこの命題――記述されている、そして正しいことが知られている命題――なのだが、しかしこの命題そのものを面識してはいない。またそれが正しいということは知っているのだが、その命題そのものを知らないのである。

　ものの知識のあり方が、個物との面識に始まり、そこから段階的に遠ざかるのが分かるだろう。ビスマルクと知り合いだった人にとってのビスマルク、歴史を通じてのみ彼を知っている人にとってのビスマルク、鉄仮面をかぶった人、そして最も長生きした人。これが、個物との面識から次第に遠ざかる順番である。つまり最初の例は、他人について可能なかぎり面識に近づいており、第二の例でもまだ「ビスマルクとは誰だったのか」を知っていると言える段階にある。第三の例では、鉄仮面をかぶっていたのが誰かは分からないが、その人について多くの、しかも鉄仮面をかぶっていたという事実から論理的に帰結しないような命題を知ることができる。最後に第四の例では、その人の定義から論理的に引き出せるもの以上のことは何も分からない。普遍の領域にも同様の順序がある。個物の多くと同じく、記述によってしか知りえない普遍は多い。しかし個物と同様、この場合にも、記述によってのみ知られる普遍に関する知識は、突き詰めれば、結局は面識によって知られる普遍の知識に還元される。

　理解可能なすべての命題は、面識されているものだけを要素とし、構成されているのでなければならない。これが、記述を含む命題を分析する際の根本的な原理である。

　この根本的原理に対してなされうる批判のすべてに、今の段階で応答するつもりはないが、ただ以下のことだけは指摘しておこう。自分が何について判断したり仮定しているのかを知らないまま、判断を下したり仮定を立てたりできるなどということは理解しがたい。それゆえ原理に対して批判がなされたとしても、それには何らかの対応ができるはずである。たんに声を出しているのではなく意味を持つ会話をしているのであれば、語には何らかの意味が割り当てられなければならない。そして語に割り当てられる意味は、面識されている何かであるはずだ。たとえばジュリアス・シーザーについて何かを言うとき、シーザーを面識していない私たちの心の前には、明らかにシーザー自身は現れない。現れるのは、シーザーについての何らかの記述[19]である。たとえば「三月一五日に暗殺された男 the man who was assassinated on the Ides of March」、「ローマ帝国の建国者 the founder of the Roman Empire」、あるいは、「ジュリアス・シーザーという名の男 the man whose name was *Julius Ceasar*」でしかないこともおそらくあるだろう（この最後の記述のなかのジュリアス・シーザーは、面識されている音や文字の形である）。したがって私たちの発言は、一見シーザーを含むことを意味しているように思えるが、実際にはそれを意味してはいない。シーザーその人ではなく、シーザーに関する、私たちが面識している個物と普遍だけから構成された記述を含むものを意味しているのである。

記述による知識の重要性は主として、それによって私的経験の限界を超えてゆけるようになることにある。私たちに知ることができるのは、ただ面識を通じて経験した項のみを要素とする真理だけだ。だがこうした事実があるにもかかわらず、私たちは記述による知識によって、けっして経験しないものをも知ることができる。直接経験できる範囲が非常に狭いことをみるなら、記述がもたらすこの成果は死活的に重要になる。そしてこのことが理解されないかぎり、知識の大半は神秘的で、それゆえ疑わしいものにとどまらざるをえないのである。

第6章 帰納について

私たちはこれまで、存在するものを知る際のデータを明確にすることに、議論の大半を費やしてきた。この宇宙に、存在することが面識を通じて知られるものにはどんなものがあるか。現段階では、私たちはセンスデータと、おそらくは自我を面識している、という答えを得ている。この二つが、存在していることを私たちが知っているものである。さらに、記憶されている過去のセンスデータが過去に存在したことも知っており、それもまた私たちにデータを提供する。

しかしこれらのデータから推論できなければならないとすれば——すなわち物質や他人、個人的に記憶している以前の過去、そして未来が存在していることを知りうるとすれば——私たちは、そうした推論を可能にする何らかの一般的原理を知っているのでなければならない。つまり「ある種のものAが存在することは、それと同時に、あるいはそれと前後して、別種のものBが存在するしるしである」——たとえば雷鳴が、それに先立つ稲妻が存在したことのしるしであるように——ということを、知っているはずなのである。私たち個々人の経験の領域はきわめて狭いことが分かっているが、以上のような一般的原理を知らないとすれば、私たちはけっしてそうした経験の領域の外にまで知識を広げていくことができないだろう。そこで、こうした知識の拡張は可能か、可能だとすればどのように達成できるのかを考察しなければならない。

私たちの誰もが、実際少しも疑っていない事柄を例にしよう。私たちはみな、太陽は明日も昇るだろうとかたく信じているが、それはなぜか。過去の経験からただやみくもにそう信じるようになっただけなのか、それともその信念を正当化し、そう信じることは筋が通っていると示せるのだろうか。この種の信念に筋が通っているかどうかを判定するテストを、見つけることは容易ではない。しかし少なくとも、「太陽は明日も昇るだろう」という判断や、それと同様に私たちの行為を支えているその他の判断が正しいとすれば、それらが正当化されるには、どのような一般的信念があれば十分なのかを確かめることならできる。

なぜ明日も太陽は昇ると信じるのか、そう問われたらどうするか。私たちは当然のように「毎日毎日、いつも昇っているからだ」と答えるだろうということは、経験から明らかである。未来にも太陽は昇るだろうとかたく信じるのは、過去がそうだったからである。なぜ、これまでどおり太陽は今後とも昇り続けると信じるのか、そう問われれば、私たちは運動法則を持ち出すかもしれない。つまり地球は何の抵抗も受けずに回転する物体であり、そのような物体は、外から何か邪魔が入らない限り回転をやめない。そして今から明日までの間、外から地球の邪魔をする物は何もない、というわけだ。もちろん、外から地球の邪魔をする物がないことが、それほど確実かどうかを疑うことはできる。しかしそれは興味をひく疑いではない。興味深いのは、明日も運動法則が有効かどうかを疑うことである。この疑いが生じてみれば、最初に太陽が昇ることを疑ったときから、私たちは一歩も進んでいないことが分かる。

　運動法則が有効であり続けるだろうと信じる唯一の理由は、過去に関する知識が教えてくれるかぎりでは、これまで運動法則は有効だったということである。確かに、過去から引き出せる証拠の量としては、日の出よりも運動法則に対するものの方がはるかに多い。日の出は運動法則を満たす事例の一つに過ぎず、ほかにも個別事例は数え切れないほどあるからだ。しかし本当に問題なのは、「過去に何度も法則が満たされたからといって、それは未来にも法則が満たされるという証拠になるのか」ということなのである。証拠にならないとすればどうなるか。太陽は明日も昇ることや、次の食事で食べるものは毒ではないことなど、私たちはほとんど意識することもなく日々の生活を左右するさまざまな期待を持っているが、そうした期待には何の根拠もないことが明らかになってしまうのである。それらはどれもただ蓋然的[20]であるにすぎないと認めなければならない。すると私たちが求めるべきなのは、期待は満たされるはずだという証明ではなく、満たされそうだという意見を支持する理由だけだということになる。

　この問題に取り組むにあたって、救いがたい混乱に巻き込まれないよう、最初にしておくべき重要な区別がある。出来事がある決まった仕方で、頻繁に継起したり同時に生じたりすると、それが原因となって、私たちは「次の機会にも同じ仕方で継起したり同時に生じたりするだろう」と期待するようになる。これは経験から明らかなことだ。たとえば、ある一定の見た目の食べ物は、概して一定の味がするものだが、見慣れたものなのに尋常ではない味がするとわかれば、期待が外れて私たちは大きなショックを受ける。あるいは習慣のため、見たものから連想が働いて「触れるとこんな感触がするだろう」と期待したが、何の感触もないとすれば、私たちは驚くだろう。（多くの怪談が描くように）幽霊の恐ろしさはそこにある。さらには、無学な人がはじめて海外に行くと、自分の母語が通じないことにはなはだ驚き、その事実を容易に信じないことがある。

　また、こうした連想は人間だけのものではなく、動物にとっても非常に強いものである。

特定の道を何度も通った馬は、別の方向に進ませようとすると抵抗する。いつも餌をくれる人を見ると、家畜は餌がもらえるものと期待する。「いつもと同様のことが起こるだろう」と期待しているわけだが、知ってのとおり、こうした幼稚な期待が裏切られる可能性は非常に高い。ひよこのときから毎日欠かさず餌を与えてきた人も、最後にはかわりにニワトリの首をしめてしまう。ここから分かるように、「自然の斉一性 the uniformity of nature」[21]についてもっと洗練された考えを持っていれば、それはこのニワトリの役に立ったことだろう。

しかし裏切られやすいにもかかわらず、それでも現にこうした期待は抱かれる。あることが何回も生じたという、ただそれだけのことが原因となって、動物も人間も、また同じことが生じるだろうと期待するようになる。このように、私たちは本能を原因として「太陽は明日もまた昇る」と信じるようになるのだが、だからといって、思いがけなくも首をしめられてしまったニワトリよりも私たちがましな立場にあることにはならないのである。それゆえ、「過去の斉一性が未来についての期待の原因である」という事実と、「そのように期待することが妥当かどうかが問われたときに、それを信頼する合理的な根拠があるか」という問題を区別しなければならないのである。

私たちが論じるべきなのは、「期待の原因が何かではなく」「自然の斉一性」を信じる理由があるか、という問題である。それを信じるということは、すなわち「これまで生じたこと、あるいはこれから生じることのすべてが、ある一般的法則の個別事例であり、その法則に例外はまったくない」と信じることである。先ほど取り上げた幼稚な期待はいずれも例外を許すので、それを抱くものは幻滅する見込みが高い。しかし科学は作業仮説として、「一般的規則のうち、例外がありうる規則は例外のない規則に置きかえることができる」と仮定することを習慣としている。「空中にある支えられていない物体は落下する」という一般的規則には、風船や飛行機など例外がある。しかし運動法則や重力法則は、たいていの物体が落下することだけでなく、風船や飛行機が空を飛べることも説明するので、これらを例外とせずにすむ。

太陽は明日も昇るだろうという信念は、地球が自転を止めてしまうほど巨大な物体と衝突してしまった場合、その間違いが立証される。だがその出来事によっても、運動法則と重力法則が破られることはない。これらの法則のような、私たちの経験のおよぶ限り例外がまったくない斉一性を発見することが科学の仕事なのである。科学はこの探求において、目覚しい成功をおさめてきた。今までのところは、科学が発見した斉一性は成立していると認めてよい。しかし、私たちはここでまたもや、「それらの斉一性がこれまでいつも成り立っていたことを受け入れるとき、今後とも成り立つと考える理由があるだろうか」という問題へと連れ戻されるのである。

「私たちが、未来は過去に似ているだろうということを知っているとする理由ならある。未来だったことも絶えず過去になっていったのだし、また未来と過去とが類似していることも、見出されてきた。だから私たちは、本当は未来の経験を持っているのである。つまり、以前は未来であった、「過去の未来」とでも言える時の経験を持っているのだ」という議論がある。しかしこれは、実は問題の答えを先に決めてしまった上で、議論している。「過去の未来」の経験があるとしても、「未来の未来」の経験はない。すると、「未来の未来」は「過去の未来」と似ているのかが問題になる。「過去の未来」から議論をはじめても、決してこの問いに答えることはできない。それゆえ、未来が過去と同じ法則に従うことが知られるようにするためには、やはり何らかの原理が必要になるのである。

未来に言及している点は、この問題にとって本質的ではない。経験されなかった過去のもの――たとえば地質学や、太陽系の起源に関する理論が扱うもの――に、私たちが経験するときに働いている法則を適用するときにも同じ問題が生じる。本当に問題にするべきなのは、「これまでしばしばともに見出されてきて、一方が生じずに他方が生じたことは知られたためしがない、そういう二つのものがあったとき、一方が新たな事例として生じることは、他方も生じることを期待するためのよき理由となるか」ということだ。未来に関する期待のすべて、帰納によって得られる成果の全体、そして私たちの日常生活を支えている、事実上すべての信念が妥当であるかどうかが、この問題への回答にかかっているのである。

二つのものがしばしばともに見出され、けっして別々には見出されなかったという事実そのものは、次に調べる場面でもそれらがともに見出されるだろうということを論理的に証明するには不十分である。まずはこれを認めておくべきだろう。その事実から期待できるのは、せいぜい「新たな場面でもともに見出されるだろうということは、ともに見出されるのが頻繁になればなるほど蓋然性が高くなる」ということである。もし十分な回数だけともに見出されたなら、その蓋然性はほとんど確実だと言えるところまで高まるということも期待してよいが、しかしけっして確実性には達し得ない。なぜなら首をしめられたニワトリの例のように、何度も繰り返されたことが、最後には起こらなくなるときもあることを私たちは知っているからだ。よって、私たちは蓋然性だけを求めるべきなのである。

今主張した見解に対しては、「自然現象は常に法則に支配されることが分かっているし、ときには観察に基づいて、問題にしている事実に当てはまる法則がただ一つしかないことが分かることもある」と反対されることがある。しかしこれに対しては、次の二つの切り返し方がある。第一に、問題となる事実に例外なくあてはまる何らかの法則があったとしよう。たとえそうだとしても、実際問題として、自分が発見したのはその法則であって例外がある別の法則ではないのだと、私たちはけっして確信できない。第二に、法則が支配するということそのものが蓋然的であるにすぎず、「未来や未調査の過去の場合についても、その法則が支配しているだろう」という私たちの信念そのものが、いま検討している原理に基づいているのである。

いま検討している原理は帰納原理と呼べるもので、次のように述べることができる二つの部分からなる。

(a) これまで、A種のものがB種のものとともに見出され、B種のものとは別に見出されることはけっしてなかったとする。そのとき、AとBとがともに見出される場合が増えれば増えるほど、一方が新たに見出された場合に他方も見出される蓋然性は高くなる。

(b) 同じ状況で、ともに見出される場合が十分な回数になれば、新たな場合に両者がともに見出される蓋然性は、ほとんど確実だと言えるまでになり、「回数が増えれば増えるほど」際限なく確実になっていく。

今まさに述べたように、帰納原理は新たな個別事例に関して、私たちの期待が満たされたかどうかを確かめるために適用される。しかし私たちは、「A種のものはつねにB種のものとともに見出される」という一般法則を——十分な回数だけともに見出されたことが分かっていて、ともに見出されない場合がまったく知られていないときに――支持することがどれほど蓋然的であるかを知りたいとも思う。一般法則は、個別事例よりも蓋然性が低い。一般法則が正しければ個別事例も間違いなく正しいが、一般法則が正しくないのに個別事例が正しいこともありうるからである。とはいえ個別事例と同様に、一般法則の蓋然性も繰り返しによって高まる。それゆえ帰納原理を次のように言い換え、一般法則に関するものにできる。

(a) A種のものがB種のものとともに見出される回数が多くなればなるほど、(ともに見出されない場合がまったく知られていないなら) AはBとつねにともに見出される蓋然性は高くなる。

(b) 同じ状況で、ともに見出される場合が十分な回数になれば、両者がつねにともに見出されるということはほとんど確実になり、「回数が増えれば増えるほど」この一般法則は限りなく確実になっていくだろう。

蓋然性はつねにデータに相対的だということに注意しなければならない。今の場合、私たちにとってデータとなっているのは、AとBが相伴って存在していることが知られている場合だけである。ほかにもデータはありうるし、それを込みにして見積ったとすれば蓋然性が大きく変わるかもしれない。たとえば次の場合を考えてみよう。ハクチョウをたくさん見てきた人は、帰納原理を用いて、「データを基にすれば、すべてのハクチョウが白いことは確からしい［*probable*］」と論じることができ、そしてそれは論証として、まったく問題のないものでありうる。黒いハクチョウもいるという事実は、この論証を退けない。なぜならある事柄に関して、とあるデータによればそれは起こりそうもないとされるとしても、なおもそれが起こるということは十分にありうるからである。ハクチョウの場合でいえば、多くの動物にとって色は変わりやすい特徴であるということ、それゆえ色に関して帰納を行うと特に間違いやすいことが分かるかもしれない。しかしこの知識は新たなデータであり、それゆえ、その知識を得る前のデータに相対的に見積もった蓋然性が間違っていたことは証明されない。したがって、しばしば私たちの期待を満たさないものがあるという事実は、けっして、「ある一つないし複数の場合において、私たちの期待はおそらく［*probably*］満たされないだろう」とする証拠にならない。このように、経験に訴えたとしても、帰納原理が間違っていることは証明されないのである。

しかし、経験を持ち出して帰納原理の正しさを証明することも、やはりできない。すでに調べられた場合についてなら、その経験によって帰納原理の正しさを確かめられるだろう。しかし未調査の場合に関しては事情が違う。調査済みの場合から未調査の場合へと推論するとすれば、そうした推論が正当化されねばならず、それができるのは帰納原理だけである。経験に基づいて、未調査の過去や現在、または未来について論じようとすると、どうしても帰納原理を仮定することになる。だから論点を先取せずには、経験を使って帰納原理を証明することはできないのである。かくして、原理そのものの明白さを根拠として帰納原理を受け入れるか、それとも未来について期待することを一切あきらめてしまうか、そのどちらかしかなくなる。もし帰納原理がおかしいとすれば、「明日も日は昇る」や「パンは石よりも栄養がある」、あるいは「屋根から身を投げれば墜落する」などと期待する理由は何もないことになる。親友が近づいてくるのを見ても、彼の体に、最悪の敵や見ず知らずの人の心が入り込んでいないと考える理由もなくなる。私たちはつねに、今までうまく働いてきた連想に基づいて、いかにふるまうかを決める。それゆえ、今後とも連想がうまく働くことを見込んでいるのだが、この見込みが妥当かどうかは帰納原理次第なのだ。

科学の一般的な原理――たとえば法則の支配という信念や、すべての出来事には原因がなければならないという信念――も、完全に帰納原理に依存しており、その点では私たちが日常生活で信じていることと何ら変わりはない。そうした一般的な原理はいずれも、それが正しいという事例が数限りなく見出され、間違っているという事例はまったく見出されなかったからこそ信じられるのである。しかしそのような経験を、一般的原理が今後とも正しいということの証拠とするためには、どうしても帰納原理を前提しなければならないのである。

経験によっては正しいとも間違っているとも証明できないが、経験される多くの事実のように、私たちのうちにしっかりと根をおろしている――少なくとも、その具体例はしっかりと根付いている――信念がある。今まで見てきたように、経験に基づいて、経験していないものについて語る知識は、いずれもこうした信念に支えられているのである。そうした信念――後に見るように、帰納原理がその唯一の例なのではない――が存在すること、およびそれを正当化することは、最も難しく、また最も頻繁に論じられてきた哲学的問題を引き起こす。次章では、どうすればこのような知識を説明できるか、そしてこの知識の射程と確実さについて、手短に考察したい。

第7章　一般的原理の知識について

帰納原理は、経験に基づくすべての論証が妥当であるために欠かせないものなのだが、しかし帰納原理そのものは経験によって証明できない。にもかかわらず私たちはみな帰納原理を、少なくともそれが具体的に適用される場面では信じている。以上のことを前章では確認した。このような特徴を持つのは帰納原理だけではない。経験によっては正しいとも間違っているとも証明できないが、経験されたものから論証する際に用いられる、そうした原理はほかにいくつもある。

そうした原理のあるものは、帰納原理よりもはるかに正しいことが見て取りやすく、センスデータの存在に関する知識に匹敵する確実さを持つ。これらの原理は感覚に与えられたものから推論するための手段となるが、そうした推論の結論が正しいものであるためには、その前提［感覚に与えられたもの］だけでなく原理もまた正しくなければならない。ところが推論の原理は、あまりにも自明であるために目に入らないことが多い。つまりその原理は推論において仮定されているのだが、仮定されていると認められないままに同意されているのである。だが正しい知識の理論を手に入れようとするなら、推論の原理を使っていると認めることは——それに関する知識が、興味深くも難しい問題を提起するだけに——きわめて重要である。

　私たちが一般的原理を知るとき、いつも次のように事態は進行する。まずは、原理が適用される個別事例が認識され、それから、事例の個別性は無関係であり、原理には一般性があり、それもまた肯定できることが認識される。こうした次第は、もちろん非常に身近なものだ。たとえば算数の授業で「2+2=4」を学ぶときには、二つのペアを一つにすることからはじめ、どの二つのペアを一つにするときにも「2+2=4」が正しいことを理解できるようになるまで、個別事例を確認し続ける。論理的原理に関しても同様である。二人の男が、今日は何日かについて議論しているとしよう。一方が、「もし昨日が十五日だとしたら、今日は十六日じゃなければいけないってことは、少なくとも認めるだろう」と言うと、相手は「ああ、もちろん」と応える。はじめの男が続けて、「昨日は十五日だ。だって、君はジョーンズと食事に行ったし、手帳を見ればそれは十五日のことだったと分かるから」と言えば、相手は「なるほど、ということは今日が十六日なんだ」と言う。

こんな議論についていくのはそれほど難しくはないし、前提を真だと認めるなら結論も真であるはずなのは誰も否定しないだろう。しかしこの議論の正しさは、ある一般的な論理的原理の個別事例に依存する。すなわちそれは、「Pが真ならばQも真である、ということが分かっているとしよう。Pが真である、ということも分かっているとしよう。するとそこから、Qも真であることが出てくる」という論理的原理である。Pが真ならばQも真だ、ということが成り立っている場合、PはQを「含意する」とか、QはPから「帰結する」と言うことにしよう。よっていま取り上げている論理的原理が述べているのは、PがQを含意し、Pが真ならば、Qも真である、ということだ。いいかえれば、「真なる命題によって含意されることは、すべて真である」または「真なる命題からどのようなことが帰結しようと、それは真である」ということだ。

実は、この原理は——少なくともその具体例は——すべての論証に含まれている。私たちが自分の信念を用いてほかの何かを証明するとき、そして結果として証明されたことを信じるときには、この原理がつねに一役買っている。「真なる前提に基づき妥当に議論をして得られた帰結をなぜ受け入れなければならないのか」とたずねられたなら、この原理に訴えるよりほかに答えるすべはない。事実、この原理の正しさを疑うことはできず、またそれはあまりにも明白なので、一見したところほとんど瑣末なものに思われさえする。しかし哲学者にとっては瑣末でもなんでもない。なぜならこの原理は、感覚の対象からはどうやっても得られない、疑いようのない知識が手に入ることもありうるということを示しているからだ。

以上の原理は、数ある自明な論理的原理の一つに過ぎない。議論したり証明しようとするときには、その前にこうした原理を受け入れなければならない。ただし、少なくともいくつかを受け入れておけば残りは証明できるので、すべてである必要はない。また証明できるといっても、原理が単純なものであれば、それは前もって受け入れておいた原理に明白さで劣るわけではない。あまりよろしくない理由から、伝統的に三つの原理が「思考法則」の名のもとに選び出されてきた。

次のとおりである。

(1) 同一律「何であろうと、あるものはある」
(2) 矛盾律「いかなるものも、ありかつあらぬことはありえない」
(3) 排中律「すべてのものは、あるかあらぬかのどちらかでなければならない」

この三つが自明な論理的原理の代表例だが、実は他のさまざまな論理的原理——たとえば先ほど取り上げた、真なる前提から帰結することは真であると述べる原理——に比べ、根本的なわけでも自明なわけでもない。また「思考法則」という名も誤解を招きやすい。なぜなら、重要なのは私たちがそれらの法則と一致するように思考することではなく、ものがそれらと一致するように振舞うという事実だからである。いいかえれば、それらの法則と一致するように思考するとき、私たちは正しく思考しているという事実が重要なのである。しかしこれは大問題なので、これに取り組むのは後にまわさなければならない。

論理的原理には、「与えられた前提から、別のことが確実に正しいことを推論できるようにするもの」だけでなく、「与えられた前提から、別のことが多少なりとも蓋然性を持つことを推論できるようにするもの」もある。前章で取り上げた帰納原理は、そうした原理のおそらくは最も重要な例である。

哲学における歴史的な大論争の一つに、「経験論者」と「合理論者」と呼ばれる二つの学派の間の論争がある。経験論者たち――ロック、バークリ、ヒュームといったイギリスの哲学者によってもっともよく代表される――は、すべての知識は経験から生まれると主張した。合理論者たち――一七世紀のヨーロッパ大陸の哲学者たち、特にデカルトとライプニッツがその代表である――は、経験によって知られることに加え、何らかの「生得観念」や「生得原理」が存在し、これは経験とは独立に知られると主張した。いまや、これら対立する両学派のそれぞれどこが正しく、どこが間違っていたのかを、ある程度自信を持って決定できる。まず認めておくべきなのは、私たちは論理的原理を知っているが、それを経験によって証明することはできない、ということだ。なぜならこの原理は、いかなる証明にも前提されるからである。それゆえこの、論争において最も重要な争点に関しては合理論者が正しかったのである。

他方、経験から論理的に独立した知識——つまり経験によっては証明されない知識——もまた、経験をきっかけとして生じ、経験を原因とする。私たちが一般的法則を意識するようになるのは、その個別事例となる経験をする状況におかれたときである。「経験から演繹できないにもかかわらず知られている知識を、子どもはあらかじめ携えて生まれてくる」などということはないのだから、そういう意味で「生得原理」があるとするのは確かにばかばかしい。こうした理由から、いまでは論理的原理の知識を記述するために「生得的」という語は使われない。「アプリオリ」という言いかたの方が問題が少なく、現代ではこちらを使って記述するのが普通である。それゆえ、結局は、知識はすべて経験をきっかけとして生じ、経験を原因とすることは認めるが、しかし知識にはアプリオリなものもあることも受け入れよう、ということになる。ここで「アプリオリな知識」といっているのは、知識のうち、「ある経験のために信じるようになるのだが、証明するには経験では不十分であり、また経験からの論証などは不要なもの、それに気付きさえすれば正しいことが分かるもの」のことである。

経験論者が合理論者に反対した、きわめて重要な論点はほかにもある。「経験の助けを得ないかぎり、何かが存在すると知ることはできない。つまり、直接に経験していないものが存在することを証明しようとすれば、前提のなかに自分が直接経験したものをいくつか含めなければならない」。こう主張した点で、経験論者は正しかったのである。たとえば中国の皇帝が存在するという信念は証言に基づき、その証言は究極的には文章を読んだり話を聞くときに得るセンスデータからなる。合理論者は「何が存在しなければならないか」を一般的に考察することによって、現実世界のあれやこれやが存在することを演繹できると信じていたが、この点では合理論者が間違っていたと思われる。存在するものについてアプリオリに得られる知識は、いずれも仮定的だと思われる。つまり、「Aが存在するならばBも存在しなければならない」とか、あるいはもっと一般的に、「命題Pが真ならば、命題Qも真でなければならない」のように主張する知識だろう。すでに取り上げた、「Pが真であり、またPがQを含意するならば、Qは真である」や「もしAとBとが繰り返しともに見出されてきたならば、次にその一方が見出される場合には、それとともにおそらく他方も見出されるだろう」といった原理がその実例である。したがってアプリオリな原理にできること、そしてそれが成り立つ範囲は厳しく制限される。何かが存在するという知識は、いずれも、部分的には経験に依存せざるをえない。何かが直接知られるときには、私たちはその経験だけでそれが存在することを知るが、直接ではなく証明を通じて存在することが知られるときには、経験とアプリオリな原理の両方が必要になる。これらの場合のように、知識が経験だけに依存していたり、あるいは経験に一部依存する場合、それは「経験的知識」と呼ばれる。したがって何かが存在することを主張する知識はいずれにせよ経験的である。存在に関してアプリオリに知ることがあるにせよ、それは仮定的であり、存在するもの・存在可能なもののつながりを教えてくれはするが、実際に存在することを教えてくれない知識なのである。

　今までは論理的知識を考察してきたが、アプリオリな知識はそれだけではない。論理的知識以外のアプリオリな知識のうち、もっとも重要なのはおそらく倫理的価値に関する知識である。何が役に立つかとか優れているかといった判断のことではない。それらの判断には経験的な前提が必要である。そうではなくて、ものがそれ自体として持つ望ましさを判断する際の知識のことを言っているのである。もし何かが役に立つのだとしたら、それは何らかの目的を達成するからにちがいない。その目的となるものがさらに何の役に立つのかを問い、そうして追求して行くなら、さらなる目的のためではなく、それ自体として価値ある目的に行き着くはずだ。よって何かが役に立つという判断は、つねに、それ自体として価値あるものに関する判断に依存するのである。

たとえば幸福は悲惨よりも、知識は無知よりも、好意は嫌悪よりも望ましいと判断される。これらの判断は直接的でアプリオリでなければならない。あるいは少なくとも、その一部としてアプリオリな判断を含まなければならない。これらもまた論理学のアプリオリな判断と同じく、経験をきっかけとして生じたのかもしれない。いや、きっとそのようにして生じたにちがいない。というのも、何かがそれ自体として価値を持つかどうかは、それと同じ種類のものを経験しないかぎり判断できないだろうからである。しかし一方、経験によって証明できないことも明らかである。なぜなら、あるものが存在する・しないという事実によっては、それが存在することがよいとも悪いとも証明できないからだ。こうした問題を考えることは倫理学の仕事だが、そこでは「何かがある・何々である」ことから「何々であらねばならない」を論理的に導き出せないことが確立されなければならない。倫理学に関して、現在の議論との関連で重要なのは、それ自体として価値を持つものの知識は——論理学がそうであるのと同じ意味で——アプリオリであること、つまりそうした知識は経験によっては正しいとも間違っているとも証明できないことを認めることである。

論理学と同じく、純粋数学もすべてアプリオリである。経験論者たちはこれを熱心に否定し、「地理学の知識と同じように、算術の知識もまた経験から生まれる」と主張した。

彼らは言う。「ある二つのものと、別の二つのものを見て、それらを合わせると四つになることを見出す。私たちはこうした経験を繰り返し、そこから帰納を行い「二つのものと別の二つのものを合わせればつねに四つになる」と結論するようになるのだ」。しかし「2＋2＝4」という知識がこうして生まれるのだとすれば、私たちはその正しさを納得するために実際とは異なる手続きを踏まなければならなくなる。たしかに、二つの硬貨や二冊の本、あるいは二人の人など特定の二つの物についてではなく、二について抽象的に考えるようになるためにはいくつもの個別事例が必要だ。しかし無関係な個別性を思考から取り除けるようになると、それと同時に「2＋2＝4」という一般的原理が見える[see]ようになる。つまり個別事例はいずれも原理の典型例として理解され、他の事例の検討は不要になるのである［原註1］。

同じことは、幾何学でも例証される。すべての三角形がある性質を持つことを証明したい場合、三角形を一つ取り上げ、それについて証明する。しかしその三角形が他のものと共有していない性質を、いっさい使わずに証明を済ませることができるので、個別事例から一般的な結果を得ることができる。実際、新たな実例をあげてみても、二たす二は四であることがより確実になったとは思われない。なぜならこの命題は、正しいことが見てとられるとすぐに、これ以上ないほど確実なものとなるからである。さらに「2＋2＝4」

という命題は必然性という特質を持つが、経験的一般化は、たとえこれ以上ないほど立証されているときですら必然的ではないと思われる。経験的一般化は、つねにただの事実にすぎず、現実の世界ではたまたま真かもしれないが、それが偽となる世界もありうると感じられる。反対に、いかなる世界がありえたとしても、そこでも二たす二は四だという感じがする。つまりただの事実ではなく、現実的であろうと可能的であろうとすべてのものが従うべき必然的な事柄なのだ。

「すべての人は死ぬ」のような純粋な経験的一般化を考察すれば、事態はもっとはっきりする。私たちがこの命題を信じるのは、第一に、一定年齢以上生きた人の例を知らないこと、第二に生理学的根拠から、人間の体のような有機体は早晩消耗してしまうはずだと考えること、この二つの理由によるのは明らかである。二つ目の理由はおいておき、これまでのところ人間はみな最後には死んでいるという経験に考察をしぼろう。人の死であることがはっきりと理解される事例が一つしかなければ、私たちは明らかに、そのような一般化に満足するべきではない。しかるに「2＋2＝4」の場合には、注意して考えるなら、四になった例が一つあれば、ほかのすべての例でも同じはずだということが十分に納得される。またよくよく考えてみれば、ほんのわずかだとしても「すべての人は死ぬ」には疑いの余地があると認めなければならなくなるかもしれない。これを明らかにするには、不死の人がいる世界と、二たす二が五である世界の二つを想像してみるとよい。スウィフトが『ガリバー旅行記』で、不死のストルドブラグ人という人種がいる世界を想像するよう誘いかけるとき、読者は黙ってそれに従うことができる。しかし、二たす二が五になる世界は、全くレベルがちがうのではないだろうか。もしそんな世界があるのなら、私たちは知識体系の全体が覆され、五里霧中の状態に投げ込まれてしまったように感じるだろう。

確かに一般命題の意味を明確にするには、普通はいくつかの個別事例が必要だ。しかし、事実として私たちは、「2＋2＝4」のような単純な数学的判断や多くの論理的判断を下すときに、個別事例から推論することなく一般命題を知ることができている。だからこそ、一般から一般へ、または一般から個別へと進む演繹という推論過程が——個別から個別へまたは個別から一般への帰納の過程と同じく——実際に役立つのである。哲学者は昔から、演繹は新たな知識を与えるか否かを議論してきた。今や私たちは、つねに与えるとは言えないにせよ、新しい知識を与える場合もあることを理解できる。「2＋2＝4」であることが分かっていて、また「ブラウンとジョーンズで二人」および「ロビンソンとスミスで二人」だと知っているなら、「ブラウンとジョーンズとロビンソンとスミスで四人だ」ということを演繹できる。こうして演繹されたのは新しい知識である。なぜなら、演繹された個別事例に関する命題は、「ブラウン・ジョーンズ・ロビンソン・スミスという人たちがいる」ことと「彼らは全員で四人である」ことの双方を語っているのに、一般命題は前者について決して語らず、個別事例に関する前提は後者を語らないからである。

しかし論理学の本で演繹の例としておなじみの、「すべての人は死ぬ。ソクラテスは人である。それゆえソクラテスは死ぬ」になると、新しい知識があるかどうかはっきりしなくなる。実はこの場合、私たちはすでに、A、B、Cといった人々が死ぬことを疑問の余地なく知っている。というのも、事実彼らは死んでいるからだ。ソクラテスがそのうちの一人であれば、わざわざ「すべての人は死ぬ」を経たうえで、おそらくソクラテスは死ぬだろうと結論するのはばかげている。もしソクラテスがそのうちの一人ではなく、帰納の根拠の一部ではなかったとしても、「すべての人は死ぬ」という一般命題に寄り道せずに、A、B、Cの各氏から直接ソクラテスについて論を進めたほうがよい。データに照らせば、「すべての人は死ぬ」よりも「ソクラテスは死ぬ」のほうがずっと蓋然性が高いからである（もしすべての人が死ぬのなら、ソクラテスも死ぬ。しかしもしソクラテスが死ぬとしても、すべての人が死ぬことにはならない。よって、「ソクラテスは死ぬ」のほうが確からしいのは明らかだろう）。よって、より確実な結論として「ソクラテスは死ぬ」を手にするには、わざわざ「すべての人は死ぬ」を経由して演繹するよりは、単純に帰納的に論じたほうがよいのである。

以上のことは、「2＋2＝4」のようなアプリオリに知られる一般命題と、「すべての人は死ぬ」のような経験的一般化との違いをはっきりと描き出している。前者について論じるときには演繹が正しいやり方である。一方後者については、帰納のほうがつねに理論的に好ましい。経験的一般化はつねにその個別事例よりも不確かだから、帰納によるほうが結論の正しさについて、より大きな保証が得られるのである。

これまでに、アプリオリに知られる命題があること、そしてそのなかには論理学と純粋数学の命題、さらには倫理学の根本命題が含まれることが分かった。すると次には、一体どうしてそんな知識が可能なのかが問題になる。またとりわけ、事例が無限にあるためにそのすべての検討が済んでおらず、またけっして検討しきれない場合、どうすれば一般命題を知ることができるのか。これらの問いをはじめて提起したのは、ドイツの哲学者カント（一七二四―一八〇四）だが、これは難しく、歴史的にもきわめて重要な問題である。

原註1 例えば、ホワイトヘッド[23]『数学入門』（*An Introduction to Mathematics*, 1911［大出晃訳、松籟社、一九八三］）を参照のこと。

第8章　アプリオリな知識はいかにして可能か

一般に、イマヌエル・カントこそ近代で最高の哲学者であるとされている。彼は七年戦争とフランス革命の時代を生き抜いたが、その間も決して休むことなく、東プロシアのケーニヒスベルクで哲学を教えていた。カントの哲学に対する最大の貢献は、一つの哲学――彼はそれを「批判哲学」と呼んだ――を発明したことである。さまざまな知識が存在していることを受け入れ、それを出発点として、それらの知識がいかにして可能になったのかを探求する。さらにそうして得られた結果から、世界の本性に関する多数の形而上学的帰結を演繹する、これが批判哲学である。これらの帰結が妥当だったかどうかに関しては、疑問がないわけではない。しかし次の二点でカントが賞賛に値することに疑いの余地はない。第一に、アプリオリだが純粋に「分析的」ではない知識――すなわち、その否定が自己矛盾にならない知識――があることを見てとったこと。第二に、知識の理論の哲学的重要性を明らかにしたことである。

カント以前は、アプリオリな知識はすべて「分析的」でなければならないと一般に考えられていた。「分析的」の意味を説明するには、例を使うのが最もよいだろう。たとえば「はげた人は人だ」とか「平面図形は図形だ」、あるいは「下手な詩人は詩人だ」と言うとき、私たちは純粋に分析的な判断を下している。これらの判断では、主語が少なくとも二つの性質を持つものとして与えられ、それらの性質の一つが選び出され主張されている。このような命題はあまりにも当たり前なので、詭弁を弄する練習をしている演説家でもないかぎり、ふだん口にする人はまずいない。これらが「分析的」といわれるのは、主語を分析するだけで述語が得られるからである。(24) カント以前には、アプリオリに確信できる判断はいずれもこの種のものだとされていた。つまりそうした判断が下されるときには、つねに、主張される述語はその主語の一部でしかないと考えられていたのである。だとすれば、アプリオリに知りうるいかなることも、それを否定すれば明白な矛盾に陥ることになる。「はげた人ははげていない」と言うと、同一人物についてはげていることを主張すると同時に否定することになり、そのため自己矛盾になるだろう。かくしてカント以前の哲学者によれば「いかなるものも、ある性質を持つと同時に持たないことはない」と主張する矛盾律さえあれば、すべてのアプリオリな知識は十分に確立されるのであった。

カント以前にヒューム（一七一一―七六）が、何が知識をアプリオリにするのかに関しては以上の見解を受け入れたうえで、それまで分析的だと考えられてきた多くの場合――とりわけ原因と結果の結合――が、本当は総合的であることを発見した。ヒューム以前、十分な知識を持ってさえいれば結果は原因から演繹できると、少なくとも合理論者たちはそう考えていた。しかしそれはできないとヒュームは論じ、今では一般にヒュームのほうが正しいことが受け入れられている。だが、ここからヒュームは、「原因と結果の結合についてては何もアプリオリに知ることができない」というはなはだ疑わしい命題を引き出す。合理論的伝統の下で教育されたカントは、ヒュームの懐疑論に大いに動揺し、これに応えようと努力した。原因と結果の結合だけでなく、算術と幾何学の命題もまたすべて「総合的」であることを、つまり分析的ではないことをカントは見てとった。すなわち、そうした命題はどれも、どんなにその主語を分析しても述語は取り出せないものなのである。カントのお気に入りの例は「7＋5＝12」という命題だ。十二を得るためには、七と五をまとめて一つのものとしなければならないとカントは指摘したが、これはまったく正しい。つまり、十二についての考えは、七や五の中にも、またそれらを足し合わせるという考えの中にすら含まれていないい。こうして「純粋数学はすべて、アプリオリではあるが総合的である」という結論に至る。この結論こそが新たな問題を生み、カントはそれを解決しよ

う と努力したのである。
カントはその哲学のはじめに、「純粋数学はいかにして可能か」という問いを置く。これは興味深くも難しい問題であり、徹底した懐疑論以外のいかなる哲学もこれに答えなければならない。純粋な経験論者は「数学的知識は個別事例からの帰納によって得られるのである」と答えるが、私たちはすでにこの解答が二つの理由から不適切であることを確認している。第一に、帰納原理の妥当性そのものが、帰納によっては証明されえない。第二に、「2＋2＝4」といった数学的命題を確実に知るには、個別事例を一つ考察するだけでよいのは明らかであり、正しいことが判明しているほかの事例を枚挙しても無益である。したがって、数学的一般命題の知識は「すべての人は死ぬ」のような経験的一般化の（蓋然的なものにとどまる）知識とは違った仕方で説明されなければならず、また論理学についても同じことが言えたのであった。

これらの知識は一般的なのに、経験はどれも個別的だという事実から問題が生じる。いまだまったく経験されていない個物について、明らかに私たちは前もって何らかの真理を知ることができているが、それは不思議なことだと思われるのである。しかし数学や論理学が、そうした経験されていないものにも成り立つことは、どうも疑えそうにない。今後百年間にロンドンに住むはずの人を私たちは知らない。しかしそのなかからどんな仕方で二つのペアを選び出して一つにしたとしても四人になることを知っている。まったく経験していないものに関する事実をあらかじめ把握するという、私たちが明らかに持っているこの能力は、まさに驚くべきものである。この問題に対して、カントは興味深い解決——それはおかしい、というのが私の意見だが——を与えている。しかしそれは非常に難解で、また哲学者たちの理解もそれぞれに異なる。それゆえここでは、その輪郭を描き出すことしかできない。またそれですら、カントの支持者の多くは「カントに対する誤解を招くものだ」と考えるだろう。

カントの主張によれば、すべての経験には、対象（これまで「物的対象」と呼んでいたもの）によるものと私たちの本性によるものの二つの要素があり、それらを区別しなければならない。私たちは、物質とセンスデータについて論じたとき、「物的対象とセンスデータは、互いに関連しはするが異なるものであり、センスデータは物的対象と私たちとの相互作用の結果とみなされるべきである」ということを理解した。ここまでは、カントと私たちとは見解が一致している。しかし経験の要素を、私たち自身と物的対象に割りふるとき、カントは独自の配分をする。色や硬さなど感覚に与えられる生の素材は対象によるものであり、一方私たちは、時間と空間内で素材をならべ、またセンスデータの間のすべての関係——センスデータを比較したり、あるセンスデータを別のセンスデータの原因と考えたりすることから生じる関係——をもたらすとされる。空間、時間、因果性、そして比較に関して私たちはアプリオリな知識を持つが、しかし実際に感覚される生の素材に関しては持たない。このように思われるということを主たる理由として、カントは自分の見方を正しいとする。今後経験されるものはすべて、アプリオリな知識に一致する特性を持つことを示すはずだと私たちは確信しているが、それはそうした特性が私たちの本性に由来し、いかなるものもそれらを持たずに経験に現れることができないからなのだ、とカントは言う。

カントは物的対象——彼はこれを「物自体」と呼ぶ［原註1］——を本質的に知りえないものとみなす。知りうるのは経験に現れる対象だけで、カントはそれを「現象 phenomenon」と呼ぶ。現象は知覚者と物自体の共同の産物だから、知覚者に由来する特性を確かに持ち、それゆえ確かにアプリオリな知識と一致する。よってアプリオリな知識は現実的・可能的な経験のすべてに関して真であるが、しかし経験の外部にも適用されると考えてはならない。したがってアプリオリな知識があるにもかかわらず、物自体について、あるいは現実的・可能的な経験の対象ではないものについては、何も知ることができない。このようにしてカントは合理論者の言い分を経験論者の議論と和解させ、調和させようとした。

カント哲学を批判する根拠としては、細かい論点を別にしても、大きな反対論が一つある。それは、カントの方法でアプリオリな知識の問題を取り扱おうとする試みにとって、致命的なものだ。説明しなければならないのは、「事実はつねに論理と算術に従うはずだ」ということの確実性であった。しかし論理学と数学が私たちに由来するとしても、この確実性は説明されない。なぜなら他の物と同じく、私たちの本性もまた現実世界の事実であり、それが一定であり続けるという保証は何もないからである。カントが正しいなら、明日にでも二たす二を五にするように私たちの本性が変わるかもしれない。カントはこの可能性にまったく思いいたらなかったようだが、もしこんなことが起こりうるのだとすれば、カントが熱心に守ろうとしていた算術命題の確実性と普遍性が完全に破壊されてしまう。もっとも、こんな可能性は、時間についてのカントの見解と形式上は矛盾する。彼は、時間そのものが主観によって現象に押し付けられた形式であり、それゆえ私たちの真の自我は時間の中にはなく、明日も持たないものだと考えていた[25]。だがそうだとしても、カントとしてはやはり、現象の時間順序はその背後にあるものの特性によって決定されると考えなければならないはずであり、だとすれば以上の議論の実質は十分成立する。

また、よくよく考えてみれば、「もし算術的信念が正しいとすれば、私たちが物について考えようと考えまいと、それは物にも適用されるはずである」ということは明らかである。たとえ物的対象が経験されえないとしても、二つの物的対象を別の二つの物的対象に足せば四つになるのは間違いない。この主張もまた確かに「2＋2＝4」という言明の意味する範囲内にある。この主張の正しさは疑いようがなく、それは「二つの現象と二つの現象とで四つの現象になる」という主張の正しさと何ら変わりはない。よってカントの解決は、アプリオリな命題の確実性の説明に失敗しているだけでなく、それが成立する範囲を不当に制限しているのである。

カントが唱えた特殊な学説以外にも、「アプリオリなことはある意味で心的であり、私たちの外部にある世界の事実よりは、むしろ私たちがとらざるをえない考え方に関わるのである」と考えるのは、哲学者にとってごく普通のことである。前章で、三つの原理が一般に「思考法則」と呼ばれていることに注意した。論理に関するある見解のために、原理はこの名で呼ばれるのだが、その見解はいかに自然なものに見えようとも、間違っていると考えるべき強力な根拠がある。例として矛盾律を取り上げよう。矛盾律は普通、「いかなるものも、ありかつあらぬことはありえない」という形で述べられる。このように言うとき、「いかなるものも何らかの性質を持つと同時に持たないことは不可能だ」という事実を表現することが意図されている。だから、たとえばもし一本のブナがあるなら、その木がブナでないことはありえない。もしテーブルが長方形だとしたら、長方形でないことはありえない。こうしたことを言おうとしているのである。

なぜこの原理を「思考法則」と呼ぶのが自然なのか。それは、その必然的な正しさが世界の観察ではなく考えることで納得されるからである。木がブナであることを見るとき、それがブナでないかどうかも確かめようとしたとしよう。しかしそのとき、木を見直す必要はない。考えるだけでありえないことが分かる。しかしだからといって、矛盾律を思考の法則だと結論するのは間違っている。矛盾律を信じることは、「心は矛盾律を信じざるをえないように作られているのだ」と信じることではない。後者の信念は、矛盾律を信じることを前提した上で、それらを信じることを後から心理的に反省した結果なのである。矛盾律を信じることはものに関して何かを信じることなのであり、思考に関する信念にかぎられはしない。「私たちがある種の木をブナだと考えるならば、同時にそれはブナではないと考えることはできない」ではなく、「ある種の木がブナであるならば、同時にそれがブナではないことは不可能だ」と信じているのである。したがって矛盾律はものにも関わるのであって、思考にのみ関わるわけではないのである。またそれを信じることが一つの思考だとしても、矛盾律そのものは思考ではなく、世界内にあるものに関する一つの事実なのだ。私たちが矛盾律を信じているとしよう。そのとき信じている矛盾律が世界内のものについて正しくないとすれば、たとえ私たちが「矛盾律は正しい」と考えるよう強制されていたとしても、それが間違っていないことにはならないだろう。ここから矛盾律は、思考法則ではないことが分かる。

同様の議論が、他のどのアプリオリな判断についても成り立つ。「2+2=4」と判断するとき、私たちは思考についてではなく、現実的・可能的を問わずすべてのペアについて判断しているのである。本当に心は「2+2=4」と信じるようにできているのかもしれない。しかしそれが、「2+2=4」で主張されていることではないのは確かである。また、心の構造に関してどんな事実があったとしても、それは「2+2=4」を真にしない。よって、アプリオリな知識は――間違っていないのであれば――心の構造に関する知識にすぎないのではなく、心的・非心的を問わず、この世の一切について成立するのである。

正しく語るなら、アプリオリな知識はすべて、心的世界や物理的世界の中に存在しないものに関わる、これが実情であろう。それらは名詞以外の言葉で名指されうる、性質や関係といったものなのだ。たとえば、私が自分の部屋の中にいるとしよう。私も部屋も存在する。だが、「中に」は存在しないのではないか。しかし、「中に」という語が意味を持つのは明らかである。その語は私と部屋との関係を表示する。この関係は、私や部屋が存在するのと同じ意味で存在するとは言えない。だが、それでも何かではあり、私たちはそれについて考え、理解することができる。というのもその語を理解していないなら「私は自分の部屋の中にいる」という文さえ理解できないことになるからだ。多くの哲学者はカントに追随し、「関係は心が作る。物自体はまったく関係を持たず、心が考えるときにそれらを引きあわせ関係させるのである。そうして心は、物自体がそうした関係を持つと判断するのだ」と主張した。

しかしこの見解に対しては、先にカントに反対したのと同様の反論ができるだろう。思考が「私は自分の部屋の中にいる」という命題を真にするのではないことは、明らかではないだろうか。私の部屋にハサミムシがいることは、たとえ私やハサミムシ、あるいは他の誰もこの真理に気づかなかったとしても、真でありうる。この真理はハサミムシと部屋にだけ関わり、それ以外の何にも左右されないからである。よって関係は、次の章でいっそう十分に確認するように、心的でも物理的でもない世界にあるにちがいない。この世界は哲学にとって——とくにアプリオリな知識の問題にとっては——大変重要だ。次章ではその世界の本性と、これまで論じてきた問題にその世界がどのように関わるのか、これらを論じることにしたい。

原註1　カントの「物自体」は物的対象と同じ定義がなされる。すなわち、感覚の原因として定義される。しかし定義から引き出されてくる性質は同じではない。というのも、カントによれば、物自体に適用できるカテゴリー[26]を私たちは何も知ることができないからだ（そうすると、原因というカテゴリーについて不整合になってしまうにもかかわらず）。

第9章　普遍の世界

前章の最後で、関係のようなものは物的対象とも心とも、そしてセンスデータとも異なる仕方で存在するように思われる、ということが分かった。この章では、このような存在者の本性は何か、そしてこうした仕方で存在する対象にはどんなものがあるのか、これらを考察しなければならない。後の問題から始めよう。

今とりあげている問題はプラトン[27]によって哲学にもたらされたのであり、それゆえ非常に古いものである。プラトンの「イデア論」はまさにこの問題を解こうとする一つの、そして私の意見では、これまでなされた中でも最も成功した試みである。この章で唱えるのも、彼の時代以降これまでに改める必要があると分かった点を変えただけで、ほとんどプラトンの理論そのものである。

プラトンにとって、問題はおおよそ次のようにして生じた。正義の概念を例にしよう。

正義とは何かと自問するとき、ふつうは個別の正しい行為をとりあげ、それらが共通に持っているものを発見しようとしながら考察をすすめる。すべての正しい行為は、ある共通の本性をある意味で共有していなければならない。その本性は正しいことすべてに見出せるが、その他のものには見出せないだろう。すべての正しい行為を正しくしているこの共通の本性は、正義そのもの・正義の純粋な本質である。正しい行為が複数存在するのは、この本性がさまざまな日常の諸事実と混ざり合うためだ。共通する諸事実に当てはまる他の言葉、たとえば「白さ」についても同様である。一つの言葉が数々の個物に当てはまるのは、それらが本性または本質を共有するからだ。この純粋な本質を、プラトンは「イデア idea」や「形相 form」と呼んだ（彼の言う意味での'idea'が、心の中に存在すると考えてはならない。たとえ心によって把握されるのだとしても、心の中にあるわけではない）。正義の「イデア」は、何らかの正しいものと同一ではない。つまり個別的なものではなく、そうしたものたちが共有する何かなのだ。イデアそのものは個別的ではないため、感覚される世界の中に存在することはありえない。また感覚されるもののように、流転し変化することはない。イデアは永遠にそれ自体としてあって、変化させることも破壊することもできない。

こうしてプラトンは超感覚的な世界、私たちになじみの感覚の世界よりも、はるかに実在的な世界にたどり着く。それは変化することのないイデアの世界であり、その反映としてのみ、感覚の世界は色あせた実在性を持つことができる。プラトンにとって真に実在するのはイデアの世界なのである。なぜなら感覚される世界内のものに関して何を言おうとしても、私たちに言えることは「それはこれこれのイデアに与《あずか》る」ということ、それゆえ「それが持つ諸々の特性はすべてイデアからなる」ということだけだからである。ここから神秘主義へとなだれ込むのは非常にたやすい。神秘的な光の中で、感覚の対象を見るときのようにイデアを見たいと望み、さらにはイデアは天に存在する［exist in heaven］と想像することもありうる。こうした成り行きは非常に自然だが、しかし理論の基礎はあくまで論理にある。そして私たちが考察すべきなのも、論理に基づくものとしてのイデア論なのである。

時がたつにつれ、'idea' という語には、プラトンの「イデア」にあてはめると誤解をまねくことになるような、さまざまな連想がまとわりつくようになった。それゆえプラトンが意図したものを記述するのに、「イデア」ではなく「普遍」という語を使うことにしたい。彼が語ろうとしている種類のものは、本質的に、感覚に与えられる個物とは対極にある。私たちは感覚に与えられる物、あるいはそれと同じ本性のものは、すべて個物であるとするが、これに対して、多くの個物に共有され、先ほど見たように、正義や白さを正しい行いや白い物から区別する特徴を持つものは、いずれも普遍であるとする。

ふだん使っている語を調べてみると、大まかに言って、固有名は個物の、それ以外の名詞、形容詞、前置詞、動詞は普遍の代わりをすることが分かる。代名詞も個物の代わりをするが、あいまいであり、文脈や状況を通じてはじめてそれがどんな個物の代わりなのかが分かる。「今」という語は個物、つまり今のこの瞬間の代わりをするが、現在がつねに変わるため、代名詞と同様、あいまいな個物の代わりとなる。

少なくとも一つは普遍を表示する語を使わなければ、まったく文を作れないことが分かるだろう。一番切り詰められた例としては、「私はこれが好きだ」のような言明があるが、これにしても「好きだ」が普遍を表示している。私は他のものも好きかもしれないし、他人もまたいろいろなものが好きであろうから。そこで、真理はすべて普遍を含み、真理の知識はいずれも普遍との面識を含むことになる。

辞書にのっている語のほぼすべてが普遍の代わりをすることを見ると、哲学を学んだ人を除くほとんどの人が、普遍のようなものがあると決して認めようとしないのが不思議になる。私たちはふつう、文中で個物の代わりをしない語については長々と考えたりしない。その語について考える必要に迫られたときには、それが表示する普遍にあてはまる諸個物のうちの、ある一つの代わりをするものとして考えるのが普通である。たとえば「チャールズ一世の首が切り落とされた」という文を聞くと、まったく自然にチャールズ一世、チャールズ一世の首、彼の首を切り落とす作業について考える。これらはみな個物である。しかし「首」や「切る」という語が意味するものについては——それこそ普遍なのだが——普通はじっくりと考えたりしない。そうした語は不完全で空疎なものに感じられ、前もって何らかの脈絡がなければ、その語では何もできないと思われている。それゆえ哲学の研究が注意を差し向けないかぎり、私たちは普遍にまったく気づかずにすごしてしまうのだ。

哲学者の間ですら、形容詞や名詞が名指す普遍を認めるのが精一杯で、動詞や前置詞が名指すものは見逃されることが多かった。それらを無視することは哲学に多大な影響を与えてきたのであり、それによってスピノザ(28)以来大半の形而上学が、その内容の大部分を決定されてしまったといっても過言ではない。ことの次第はおおよそ次のとおりである。一般に、形容詞と一般名は単一のものの質あるいは性質を表現するが、前置詞や動詞はふつう、二つ以上のものの互いに対する関係を表現する。よって前置詞や動詞を無視することが、「いかなる命題も、二つ以上のものの互いに対する関係を表現するのではなく、単一のものに性質を帰属させるのだと見なせる」と信じることへとつながる。ここから、究極的にはものの間の関係なるものは存在しえないとされ、「結局宇宙にはただ一つのものしかない」か、あるいは「複数のものがあるが、それらが相互に作用しあうことは――そんなことがあったとすれば、不可能なはずの関係があることになるから――いかなる仕方でもありえない」ということになった。

宇宙にはただ一つのものしかないという第一の見解は「一元論」と呼ばれ、スピノザによって、あるいは現在ではブラッドリー[29]をはじめ多くの哲学者に支持されている。複数のものがあるものの、それらは相互に作用しあわないとする第二の見解は「モナド論」と言い、ライプニッツが唱えたものだが今では支持者はそれほどいない。ちなみに「モナド」とは、互いに独立して何ら影響しあわないもののことである。これら対立しあう見解のどちらも興味深くはある。しかし私の意見では、どちらの見解も一種類の普遍にのみ、すなわち動詞や前置詞ではなく形容詞や一般名で描写される普遍にのみ、不当に注目したために生み出されたものである。

普遍の存在を完全に否定しようとしても、次のことは認めざるを得ない。それは、性質のような形容詞・一般名で記述される普遍の存在について、ゆるぎない証明を与えることは不可能だが、普通は動詞や前置詞によって記述される普遍、すなわち関係は存在するにちがいないという証明ならできる、ということである。これを説明するために、白さという普遍を例としてみよう。この普遍があると信じるなら、「物が白いのは、それが白さという性質を持つからだ」と言える。しかしバークリとヒュームはこの見解を強く否定し、後の経験論者もそれに追随した。彼らは、「抽象観念」のようなものの存在を否定するという仕方で議論する。「白さについて考えたいときには、私たちはある白い個物のイメージを形成し、その個物について論証する。ただしそれは、それに関する事柄のうち、他の白い物についても同様に正しいことが見てとれないことを、何も引き出さないように気をつけながら行なわれる。」経験論者はこのように言うが、この主張の大部分は、心に実際に起こる過程の説明としては、疑いの余地なく正しい。たとえば幾何学ですべての三角形について何かを証明するときには、三角形を一つ描き、それが他の三角形と共有しない特徴をまったく使わないように注意しながら論証する。初心者がしばしば気づくことだが、間違えないように論証するためには、できるかぎり似ていない三角形をいくつか描いてみるとよい。そうすることで、描いた三角形のすべてに証明が等しくあてはまることを確かめられるからである。しかし何かが白いとか三角形であると分かるのはどのようにしてか、これを問題にするとただちに困難が生じる。白さや三角形性などの普遍を避けようとすれば、白い個物や一つの三角形を選んでおいて、「白いもの（あるいは三角形）とは、これと正しく類似しているもののことだ」と言わなければならない。しかしそうすると、「確かに白さという普遍は認めずに済むが」類似性という普遍が必要にならざるをえない。なぜなら白い個物はたくさんあるので、白い個物のペアもいくつもあるわけだが、「類似性で白さという一つの概念を定義しようとすれば」まさしく同じ類似性がすべてのペアにおいて成立していなければならない。しかし、複数の事例において同一であるということこそ、まさに普遍の特徴だからである。「各ペアの間に成立している類似性は、それぞれ異なる」と言ったとしても無益である。なぜならこの場合でも、それら異なる類似性は互いに類似していなければならず、結局は普遍としての類似性を認めなければならないからだ。それゆえ類似性という関係は、正真正銘、普遍でなければならないのである。そしてこの普遍を認めざるをえないのであれば、難解でもっともらしくない理論を発明してまで、白さや三角形性のような普遍を認めずに済ますことには、もはや何の価値も見出せなくなる。「抽象観念」を拒否しようとしても以上のように論駁されることに、バークリとヒュームは気づくことができなかった。それは彼らが普遍として性質だけを考え関係をまったく無視したからだった。もっともこの点では彼らの論敵も同じであり、またそこから経験論者よりもはるかに多くの間違ったことを演繹した。しかしそれでも、普遍を認めるということに関しては、「合理論者による経験論者への反対は正しかった」と思われる点の一つとして数えられるのである。

　普遍のようなものがなければならないことが分かったので、つぎは、それがたんなる心的なものではないという点を証明したい。「たんなる心的なものではない」とは、「普遍がどんな仕方で存在しているとしても、それは考えられたり、何らかの仕方で心によって把握されたりすることからは独立である」ということである。この話題には前章の最後で少し触れたが、今こそそれを十分に考えなければならない。

「エディンバラはロンドンの北にある」という命題について考えてみよう。ここには二つの場所の間の関係があり、私たちが知るのとは独立に成立する［subsist］のは明らかだろう。私たちがエディンバラはロンドンの北にあることを知るとき、知られるのはエディンバラとロンドンにのみかかわるはずの何かである。私たちがそれを信じることによって、その命題は真になるのではない。その反対で、その命題を知る以前から存在していたある事実を、私たちはただ捉えるにすぎないのだ。地球表面のうちエディンバラが位置する部分は、ロンドンが位置する部分の北にある。たとえ誰も南北について知らなくとも、またこの世に心がまったく存在しないとしても、この関係は変わらない。もちろん多くの哲学者がこれを、バークリやカントがあげた理由に従い否定してきたが、すでにそうした理由については考察し、的外れだということを明らかにしておいた。だから、「エディンバラはロンドンの北にある」という事実のなかには、心的なものは何も前提されてない」ということを受け入れてよいのである。ところがこの事実は「の北に」という関係を含み、それは普遍である。「の北に」に心的なところがあるなら、この事実全体が心的なものをまったく含まないことは不可能である。「の北に」はその事実の一部だからだ。しかるに、事実全体は心的なものをまったく含まない。それゆえ関係は、それが関係付けている項と同様、思考に依存しないと認めるべきである。思考は、普遍を捉えはするが生み出しはせず、普遍は思考から独立な世界に属することを認めるべきなのだ。

しかしこの結論にはのみ込み難い点がある。それは、エディンバラやロンドンが存在するのと同じ意味では、関係「の北に」は存在するようには見えないという点である。「この関係は、いつどこに存在するか」と問われたら、「どこでもないし、いつでもない」と答えるしかない。関係「の北に」が発見できる場所などない。これはロンドンとエディンバラを関係付けており、一方に偏ることなく両者の間にあるから、ロンドンにもエディンバラにもない。またある特定の時点にあるともいえない。一方、五感や内観を通じて捉えられるものはすべて、ある時点に存在している。したがって、関係「の北に」は、そうした存在するものとは根本的に異なるのである。それは空間の中にも時間の中にもなければ、物的でも心的でもない。それでも何らかのものである。

普遍が非常に特殊な仕方で存在することを主な理由として、普遍は実は心的なのだと多くの人が考えるようになる。私たちは普遍について考えることができるが、その際の思考は、他の心的なはたらきと同様、まったく普通の意味で存在している。それゆえ、たとえば白さについて考えているときには、「白さは「心の中」にある」と言うことにもひとつの意味がある。ここには第4章でバークリについて論じた際に注意したのと同じ多義性があり、厳密に言うなら、心の中にあるのは白さではなく、それについて考えるはたらきである。また同じときに注意した、これと関連した多義性――「観念」という語の多義性――が混乱に拍車をかける。ある意味では、すなわち「観念」で思考のはたらきの対象を表示するとすれば、「白さ」は観念である。そこで、もし多義性に対する警戒を怠るなら、白さが別の意味で、つまり今度は思考という心のはたらきとしての「観念」だとしてしまうかもしれない。こうして私たちは白さが心的だと考えてしまうのである。しかしそうしてしまうと、本質的に備わっている普遍性が白さから奪われてしまう。ある人が考えているとき、その考えるという心のはたらきは、別人の考えるはたらきとは違い、また同じ人でも時点が変われば異なるものであらざるをえない。よって白さを思考とするのなら、それも思考そのものとその対象を区別した上でそうするのであれば、二人の人が白さについて考えることも、ひとりが二度白さについて考えることも、ありえなくなるだろう。対象とは、白さについての複数の思考が共通に持つものであり、この対象は、それについてのいかなる思考とも異なるのである。このように、知られるときには普遍は思考の対象になるとしても、思考そのものではない。

ものが時間の中にあるとき、つまりそれがある時点を指し示すことができるとき（すべての時点にわたって存在する可能性は排除しない）にかぎって、それは「存在する existing」と言うのがよいだろう。よって、思考や感情、心、物的対象は存在する［exist］。しかし普遍はこの意味では存在しない。普遍については「存立する subsist」とか「有る have being」と言うことにしよう。この「有 being」は、「存在 existence」とは対照的に、時間性を欠いている。したがって普遍の世界を、有の世界として記述してもよい。有の世界は変化がありえず、厳密、正確であり、数学者や論理学者、形而上学的体系の構築者、そして実人生よりも完全さを愛するすべての人にとって大きな悦びである。存在の世界は流動的で、あいまいで、くっきりとした境界がなく、明確に計画されても配列されてもいない。しかし思考や感情、感覚のデータ、そして物的対象、よきものや害をなすもの、人生と世界の価値にまつわるすべての違いを生み出すもの、これらのすべてを含んでいる。どちらの世界を好んで見つめるかは、その人の気質による。好まれない方は、好まれる方の色あせた影のように見え、どんな意味であれ、本物の世界とみなすだけの価値を持たないように思われるだろう。しかし正しくは、私たちは分け隔てすることなく両者に注目するべきであり、どちらも本物であり、形而上学者にとって重要なのである。それら二つの世界を区別すると同時に、両者の関係を考察しなければならない。

しかし第一に検討しなければならないのは、私たちが普遍に関して持っている知識である。次の章ではこの考察に専念することになるが、それを通じて、普遍に関する問題を招き入れた、アプリオリな知識に関する問題の解決を見てもらおう。

第10章　普遍に関する私たちの知識

ある人がある時点で持っている知識という観点から区別するなら、普遍もまた個物と同様に、面識によって知られるもの、記述によって知られるもの、そして面識によっても記述によっても知られないものに分けることができる。

第一に、面識による普遍の知識から考察しよう。まず、私たちは明らかに、センスデータを実例とする性質――白さや赤さ、黒さ、甘さ、すっぱさ、うるささ、硬さといった普遍――を面識している。はじめて白い色片を見るとき、私たちが面識しているのは個別の色片である。しかしいくつも見ることによって、それらが共通に持っている白さを容易に抽象できるようになり、そうして私たちは白さを面識できるようになる。同種の普遍はいずれも、同様の過程を通じて面識されるようになる。この種の普遍は「感覚可能な性質」と呼んでよい。これらは他のいかなる普遍よりも、それを捉えるために必要な抽象の労力が少なくて済み、また個物からのへだたりも少ないように見える。

関係に移ろう。関係のうちで一番捉えやすいのは、複合的なセンスデータの部分間の関係である。たとえば、いま自分がペンを走らせているページの全体を私は一目で見わたすことができるから、ページの全体が一つのセンスデータに含まれる。しかし私は、その一部が別の部分の左や上にあることを知覚する。こうした関係の場合、抽象という過程はおおよそ次のように進行する。ある部分が別の部分の左にあるセンスデータを、続けていくつか見る。そうして白い色片のときと同じように、それらすべてに何か共通するものがあることを知覚する。そして抽象によって、共通しているのは部分間のある関係、すなわち「の左にある」と呼ばれている関係であることを見出す。このようにして、私たちは普遍的な関係を面識するようになるのである。

同じようにして、時間的な前後関係も意識するようになる。一連のチャイムが鳴るのを聞いているとしよう。最後の鐘が鳴るとき、私はチャイム全体を思い浮かべ、先に鳴った鐘が後に鳴ったものよりも先に聞こえたことを知覚できる。あるいは記憶を通じて、自分が憶えていることが、いま現在生じていることよりも先に生じたことを知覚する。このどちらかの知覚をもとにして、「の左にある」という普遍的関係を抽象したのとちょうど同じように、前後関係という普遍を抽象できるようになる。それゆえ空間関係と同様、時間関係も面識されるものに含まれる。

まったく同じ仕方で面識されるようになる関係には、このほかに類似性がある。二つの緑を同時に見るなら、それらがお互いに似ていることを見ることができる。同時に赤も見るとすれば、二つの緑は赤に対するよりもお互いに似ていることを見てとれる。こうして類似性や相似という普遍が面識されるようになる。

個物と同じく、普遍間にも関係があり、なかには直接意識できるものもある。いま「二つの緑の類似性は赤と緑の類似性よりも大きいことを知覚できる」ことを理解したところだが、このとき私たちは関係間の関係を——「類似性の間の」「より大きい」という関係を——扱っているのである。このような関係を知るには、センスデータの性質を知覚するときよりも一層の抽象能力が必要になるが、しかし同じくらい直接的で、同じくらい疑えないものに見える（少なくともそういう場合があるのは確かだろう）。したがってセンスデータはもちろん、普遍についても直接的な知識があることになる。

ここで、アプリオリな知識の問題に戻るなら——これを未解決にしたまま、普遍を考察しはじめたのだった——私たちは以前よりずっと満足のいく仕方でこれに取り組める状態にいることが分かる。「2＋2＝4」という命題に戻ることにしよう。この命題が「2」と「4」という普遍間の関係を述べていることは、今までの議論からまったく明らかである。ここから、「すべてのアプリオリな知識は、普遍間の関係のみを扱う」という命題に思いいたる。この命題はきわめて重要であり、アプリオリな知識に関して以前取り上げた問題の解決へと向かう大きな一歩になる。それではこれを立証してみよう。

一見この命題が間違っているように見えるかもしれない場合が、一つだけある。それはアプリオリな命題が、「一つの集合に属するすべての個物が、別の集合にも属する」ことか、あるいは（結局は同じことだが）「ある一つの性質を持つすべての個物が別の性質も持つ」ことを述べる場合である。[30] このような場合、私たちは性質ではなく、それを持つ個物を扱っているように思えなくもない。実は「2＋2＝4」もまたこうした命題の一例なのである。というのも、同じことを「どういうものであれ、二つのものと他の二つのものを合わせれば、四つになる」とか「二つのものを二つ集めれば、どういう集め方をしたとしても、四つのものの集まりになる」と言うこともできるからだ。それゆえこうした言明が本当は普遍だけに関わることを示せたなら、アプリオリな知識に関する先の命題は証明されたと考えてもよいだろう。

命題が何を扱っているかを発見するやり方として、「その命題の意味が分かるためには、どのような語を理解しなければならないか――言い換えれば、どのような対象を面識していなければならないか」を自問してみるというものがある。たとえある命題の真偽をいまだ知らなかったとしても、その意味が分かるのであれば、私たちは明らかにその命題が本当に扱っているものを——それがどのようなものであれ——面識しているはずだ。このテストを使えば、個物に関するものだと思えた命題が、実は普遍にしか関わらないことが見えてくる。「2＋2＝4」という特定の場合について、それを「二つのものを二つ集めれば、どういう集め方をしたとしても、四つのものの集まりになる」を意味するものと解釈したとしよう。しかしその場合でも、私たちがその命題を理解できることは明らかである。すなわち、「集まり」と「二」と「四」が意味するものを知れば、私たちはただちにその主張を理解できる。二つのものすべてを知る必要はまったくない。もしそれが必要なのであれば、まったく明らかなことだが——二つのものは数え切れないくらいたくさんあり、そのすべてを知ることはありえないから——私たちはけっしてその命題を理解できなくなる。それゆえ次のように言えることになる。たとえ、二つのものの個別事例が存在することが知られたならば、その知識と一般言明からただちにそれらの例に関する命題が含意されるとしても、一般言明そのものは個別事例があるということを主張しないし、含意もしない。こうして、実際にある二つのものの個別事例について、一般言明は何も語らないことになる。言明は「二つ」という普遍についてなされているのであり、「この二つのもの」や「あの二つのもの」についてではない。

したがって「2＋2＝4」という言明は普遍のみを扱うのだから、その普遍を面識し、それらの間にあると言明が主張している関係を知覚できる人なら誰にでも理解できる。「このような普遍間の関係のいくつかを知覚する能力、それゆえ算術や論理学のような一般的でアプリオリな命題のいくつかを知る能力が私たちにはある」ということは事実であり、それは私たちの知識を反省すれば発見されるということを、受け入れるべきである。アプリオリな命題の知識を考察した際に神秘的に思えたのは、この知識は経験に先回りし、経験を従わせると思われる、ということだった。だが、いまや私たちは、ここには誤りがあることを理解できる。経験できるものについてのいかなる事実も、経験とは独立に知ることはできない。「二つのものと別の二つのものを合わせれば四つのものになる」ことを私たちはアプリオリに知ることができるが、「ブラウンとジョーンズで二人であり、ロビンソンとスミスで二人であれば、ブラウンとジョーンズとロビンソンとスミスで四人である」ことをアプリオリに知ることはない。後者を理解するためには、ブラウン・ジョーンズ・ロビンソン・スミスの四人がいることを知らなければならないが、それには経験が必要だからである。それゆえ一般命題がアプリオリだとしても、現実の個物にそれを適用するにはつねに経験が伴い、したがって経験的な要素が含まれるのだ。このように、アプリオリな知識について神秘的に思えたことは、ある誤りのためだったことが分かる。

要点をはっきりさせるには、純粋にアプリオリな命題を、「すべての人は死ぬものだ」のような経験的一般化と対比すればよい。アプリオリな命題と同様に、経験的一般化もまた、それが含んでいる普遍——人と死すべきもの——を理解するなら、私たちはただちにその意味を理解できる。それを理解するために、人類全員をひとりひとり個別に面識する必要がないのは明らかである。だからアプリオリな一般命題と経験的な一般化が違うといっても、それは命題の意味のレベルにはない。違いは、命題を支持する証拠の本質にある。経験的な場合、証拠は個別事例から成り立つ。人の死の実例が数え切れないくらいあり、そして一定年齢以上生きた人の例がないことが知られているからこそ、「すべての人は死ぬものだ」と信じられるのであって、人と死ぬものという普遍が結びついているのを見るからではない。確かに、生物の身体を支配する一般法則を仮定することで「すべての生ける有機体は、永遠に存続しつづけることができない」と生理学が証明できたとすれば、それによって人と死ぬものの間の結びつきが与えられ、個別の証拠に訴えずにその命題を主張できるようになる。しかしそうだとしても、それが意味するのは、人と死についての一般化が、それ以外のものをも含むより広い一般化の下に組み込まれた、ということにすぎない。より広い一般化に対する証拠の種類は依然として「個別的なまま」変わっておらず、ただその範囲が広がっただけである。科学の進歩とは、このようにして絶えず領域を組み込んでゆき、結果として科学的一般化の帰納的根拠を絶えず広げてゆくことである。しかしこれによって確実さの度合いは大きくなるとしても、確実性の種類まで変わるわけではない。最終的な根拠はやはり帰納的である。つまり、科学は根拠を個別事例から得ているのであって、論理学や算術の命題のように普遍間のアプリオリな結びつきからではない。

アプリオリな一般命題には、対照的な二つの点が見つかる。一つめは、「個別事例がたくさん知られている場合、まずは帰納によってアプリオリな一般命題に到達し、あとになってようやく普遍のあいだの結びつきが知覚されるようになる」という点である。たとえば、三角形の各頂点から対辺へ垂線を引くと、三つの垂線はすべて一点で交わることが知られている。はじめは実際にたくさん垂線を描いてみて、いつも一点で交わると見出すことによって、この命題に到達することも十分に可能である。そしてこの経験があるために、一般的な証明が求められ、発見されるかもしれない。数学者なら誰でも、よくこんな経験をしているものだ。

もう一つ、より興味深く哲学的にも重要な論点がある。それは、事例を一つも知らなくとも、私たちは一般命題を知ることがあるという点である。次の例を見てみよう。二つの数は掛け合わせることができ、「積」と呼ばれる第三の数を得ることができることが知られている。積が八十一以下になる二つの整数については、そのすべてが実際に掛け合わせ(31)

られ、その積の値が九九の表にまとめられているのも周知のとおりである。しかし一方で、整数は無限にあり、人はいままでほんの限られた数の整数についてしか考えてこなかったし、これからも考えられないだろう。これも分かりきったことだ。だとすると、ここから、人がいままで考えず、これからもけっして考えないような二つの整数の組み合わせがあり、その積は八十一を超える、ということが帰結する。かくして私たちは、「これまで誰もけっして考えず、これからも考えない二つの整数は、その積がいずれも八十一を超える」という命題を得る。この一般命題の正しさを否定することは不可能だが、しかしこの場合、私たちは事の本質からしてその事例を手にすることがけっしてない。どんな二つの数を考えたとしても、それは命題の意味によって事例から排除されるからである。

このような、事例がまったく与えられない一般命題を知る可能性はしばしば否定される。それは、こうした命題を知るために必要なのは普遍間の関係の知識であって、その実例の知識は不要だということが見逃されるためだ。しかし一般に知識として認められていることの大半にとって、こうした一般命題の知識は不可欠である。たとえば、これまで見てきたように、センスデータと対比されたものとしての物的対象は推論によってのみ知られるのであり、私たちが面識する物ではない。それゆえ、「これは物体である」という形の命題――ここで「これ」は直接的に知られたものを指す語であるとする――を、私たちは決して知ることがない。したがって、物的対象についての知識はいずれも、その現実の例がまったく与えられないような知識なのである。関連するセンスデータの例なら与えられるが、現実の物的対象の例は不可能なのだ。それゆえ物的対象についての知識は、実例を与えることが不可能な一般的知識の可能性に、徹底的に依存しているのである。他者の心をはじめとして、面識によって実例を知ることができないものについては、どれも同じことが言える。

分析していくうちにその姿をあらわしはじめた、私たちの知識の源をざっと見ておこう。はじめに私たちは、ものの知識と真理の知識を区別し、さらにそのそれぞれを直接的な知識と派生的な知識という二種類に分けた。直接的なものの知識を面識と言い、さらにこの種の知識が、知られるものが個物か普遍であるかによって二種類に分けられる。個物のうちで面識されるのは、センスデータと（おそらくは）自分自身である。どの普遍が面識によって知られるか、これを決定できる原理はまったくなさそうだが、しかし明らかに、感覚可能な性質や時間・空間の関係、類似性、そしてある抽象的な論理的普遍は、そのようにして知られる普遍のなかに含まれる。派生的なものの知識は記述による知識と言い、そこには何らかのものとの面識と、真理の知識の両方がつねに含まれている。直接的な真理の知識は直観的知識であり、そうして知られる真理は「自明な真理」であると言える。この種の真理としては、感覚に与えられたことをただ述べるだけのもの、ある抽象的な論理学・算術の知識、そして(確実性では劣るとはいえ)いくつかの倫理学の命題がある。「派生的な真理の知識」とは、自明な真理から自明な演繹原理を使って論理的に導き出せる、すべての知識である。

以上の説明が正しいなら、真理の知識はどれも直観的知識に依存する。それゆえ、第5章で面識による知識の本性と範囲を考察したのと同じように直観的知識の本性と範囲を考察することが重要になる。しかし真理の知識からは、ものの知識に関しては生じなかったさらなる問題が生じる。それは誤謬という問題である。信念には間違いだと判明するものがあり、したがって一体どうすれば知識と誤謬を区別できるのかを考えなければならない。面識による知識に関しては、この問題は生じない。なぜなら、直接的な対象の外に踏み出さないかぎり——たとえそれが夢や幻覚の対象であったとしても——面識はまったく間違いを含まないからだ。直接の対象つまりセンスデータを、ある物的対象の記号とみなすときにのみ間違いは起こりうる。したがって真理の知識には、ものの知識よりも困難な問題がまとわりついている。そうした問題として、まずは直観的判断の本性と範囲を検討しよう。

第11章　直観的知識について

　私たちが信じていることはどれも証明可能であるべきだ、あるいは少なくとも蓋然性がかなり高いということが示せるのでなければならない、という一般的な印象がある。根拠を与えられないような信念は不合理だ、そう感じる人は多い。この意見は大筋では正当である。ほとんどすべての常識的な信念は、その根拠と見なしうる他の信念から実際に推論されたか、あるいは推論可能である。しかし、概してその根拠は忘れられたり、今までまったく意識されたことがないものであったりする。たとえば、誰も「いま口にしようとしている食べ物は、毒になったりしないと思う。だが、そう思う根拠は何だろう」と自問したりしない。にもかかわらず、そう問われたならば申し分のない根拠を見つけ出せる、たとえいまこの瞬間にはうまくいかないとしてもいずれは見つけ出せる、そう私たちは感じる。そして普通は、そう信じるのは正当である。

だが、ソクラテス的なしつこい人を想像してみよう。どんな根拠を挙げても、彼はその根拠を受け入れる根拠を求め続ける。おそかれはやかれ、おそらくたちまちのうちに、さらなる根拠をまったく見出せず、また理論的に言っても見出すことが不可能であるような立場に追い込まれるにちがいない。日常的な常識的信念から出発し、その根拠を掘り下げていくことができるが、そうしていくと、ある種の一般的知識やその実例にいきつく。それは、きわめて明証的[32]であるように思われ、そしてそれよりも明証的なものから演繹できないような一般的知識やその実例である。たとえば「この食べ物には栄養がありそうなのであって、毒ではなさそうだが、本当にそうか」といった日常生活にひそんでいる問いの大半は、それを掘り下げていくと第6章で論じた帰納原理へといきつく。だがこれ以上は一歩たりとも掘り下げられない。帰納原理は、――意識的なときもあれば無意識的なときもあるが、とにかく――ふだんから論証に使われているが、原理そのものを論証することは不可能である。何かもっと単純で自明な原理に始まり、結論として帰納原理に終わる論証など存在しない。その他の論理的原理についても同様である。それらが正しいことは明白で、私たちは証明をつくるためにそれを使うのであり、原理そのものは――少なくともそのいくつかは――証明できないのである。

しかし一般的知識のうちの、証明不可能なものだけが自明なわけではない。論理的原理をいくつか認めれば、残りの論理的原理はそこから演繹できる。しかし、演繹される命題はしばしば、証明抜きで受け入れられる命題とほとんど同じくらい自明である。さらに、論理学の一般的原理から算術の全体を演繹できるが[33]、「2＋2＝4」のような単純な算術命題の自明性は、論理学の原理に匹敵する。

また議論の余地はあるが、倫理学の原理にも自明なものがあるように思われる。「私たちは善を追求すべきだ」がその一例である。

どの一般的原理についても、原理そのものよりも個別事例――なじみぶかいものへの適用例――のほうが明証的である、ということを認めなければならない。たとえば矛盾律は、「いかなるものも、ある性質を持つと同時に持たないことはありえない」と述べる原理であり、意味が理解されるとただちに明証的になる。しかしそれは、「今見ている一本のバラが、赤いと同時に赤くないことはありえない」という命題ほど明証的なわけではない（もちろん、その一部は赤いが赤くないところもあるとか、それが赤とよべるかどうかはっきりしないようなピンク色である、ということもありうる。しかし前者の場合、そのバラ全体をとってみれば赤くないことははっきりしているし、後者の場合なら、「赤」の定義をはっきりさせればすぐに答えがはっきり決まる）。一般的原理は普通、その個別事例を通して理解される。例に頼らずすぐに一般的原理を把握できるのは、抽象的なものの扱いになれた人だけだ。

一般的原理だけでなく、感覚から直接得られるものもまた自明な真理(34)の一種である。これを「知覚の真理」と呼び、そしてそれを表現する判断を「知覚判断」と呼ぶことにしよう。しかしこの場合には、自明な真理の本性を正確に捉えるために注意が必要になる。現実のセンスデータは真でも偽でもない。たとえば私が見ている一つの色片は、ただ存在しているだけであり、真や偽になる類のものではない。色片があること、それが特定の形や一定の明るさをしていること、他のさまざまな色に取り囲まれていること、これらは真である。しかし色片そのものは——その他の、感覚の世界にあるすべてのものと同様に——真または偽であるものとは根本的に異なり、それゆえそれを真だとは言えないのである。したがって五感を通じて得られる自明な真理がどのようなものだとしても、それがセンスデータとは異なることは間違いない。私たちがそうした真理を得るのはセンスデータからなのだが、しかしそれとセンスデータとは同じではないのである。

最終的には一つにまとめられるかもしれないが(35)、自明な知覚の真理には二種類あると思われる。第一に、センスデータをまったく分析せず、それが存在することだけを主張するものがある。赤い色片を見て、「しかじかの赤い色片がある」とか、もっと厳密には「これはある」と判断する場合であり、一種の直観的な知覚判断である。第二に、複合的な感覚の対象にある程度の分析が加えられるときに生じる判断がある。たとえば、丸く赤い色片を見ているならば、「この赤い色片は丸い」と判断できる。これもまた知覚判断であるが、第一のものとは種類が異なる。今の場合、一つのセンスデータが色と形の両方——つまり赤い色と丸い形——を持っている。この場合、判断はまずデータを色と形に分析し、それから「この赤は丸い」と述べることを通じてそれらを再び結合する。他にも、「これ」と「それ」が同時に見えているときの、「これはそれの右にある」という判断のような例がある。このような判断が下される際には、センスデータには要素があり、要素の間にはある関係がある。そうした関係を要素が持つということを、この判断は主張するのである。

直観的判断の一種に、感覚の判断に似ているが、まったく異なるものとして、記憶の判断がある。記憶の本性については、混乱が生じる恐れがある。それは「ある対象に関する記憶はその対象のイメージをともないがちだが、しかし記憶を構成するのはイメージではない」という事実があるからである。イメージはいま現在存在するにもかかわらず、覚えられているものは過去に存在していたものであることが分かっている。そのことに気づきさえすれば、「記憶はイメージではない」ことは容易に理解される。また、私たちは確かに、イメージと覚えている対象をある程度まで比較できており、しばしばある程度前のことに関して、イメージがどれくらい正確かを知る。しかしイメージとはっきり異なる対象が、何らかの仕方で心の前にないのなら、こうした比較は不可能になるだろう。それゆえ記憶の本質はイメージではなく、過去に認知した対象を直接思いおこすことからなるのである。この意味での記憶という事実がなければ、そもそも過去があったことすら分からず、「過去」という言葉も理解できないにちがいない。それは、生まれつき目の見えない人には「光」という言葉を理解できないのと同じことだ。かくして、直観的な記憶判断がなければならず、過去の知識はいずれも、突きつめればこうした判断に基づくのである。

しかし、記憶は問題を生じさせもする。記憶がはなはだ間違いやすいということから、直観的判断全般の信頼性が疑わしくなるのである。これは容易ならぬ問題だが、まずは間違いやすい記憶の領域を可能な限りせばめることからはじめよう。記憶の信頼性は、おおざっぱに言うなら、経験の鮮やかさと時間的近さに比例する。三十秒前に隣家に雷が落ちたとすれば、それを見聞きした記憶は、閃光があったかどうかを疑うことがばかばかしくなるくらい、信頼できるものである。鮮やかさではそれに劣る経験でも、直前に起こったことであれば同様に信頼できる。私は、「三十秒前にも、いまと同じ椅子に座っていた」と絶対的に確信している。今日一日のことをふり返ると、はっきり確実に覚えていることやかなり確かだと思えることもあれば、考えたり一緒に起こったことを思い出してようやく確信できることもあり、まったく確信できないこともでてくる。私は、自分が今朝食事したことをはっきり確実に覚えているが、哲学者にありがちなように、朝食に気をとめなかったとしたら、それを疑っていたにちがいない。朝食時の会話には、容易に思い出せるものもあれば、多少努力が必要なものもある。また、思い出しはしたが結構疑わしいものもあれば、まったく思い出せないものもある。このように、覚えていることの自明性の度合いは連続的に推移し、記憶の信頼性もそれに一致する。

こうして、記憶の間違いから生じる問題には、さしあたって次のように答えることができる。記憶の自明性には段階があり、それは信頼性の段階と対応する。起こったばかりの出来事を鮮明に記憶しているときは、その自明性と信頼性はほとんど完全だといってよい。

そうは言っても、ある記憶を非常に強く信じているが、完全に間違っている場合もあるのではないだろうか。こうした場合にありそうなのは、本当に覚えているのは——つまり直接に心の前にあるのは——間違って信じられていることとは異なる何かだということである。たいていの場合両者は関連しているが、しかしあくまで異なるものだ。たとえばジョージ四世は、あまりにたびたび「私はワーテルローの闘いに参加した」と言ったため、ついには本当にそのように信じ込んでしまったと伝えられている。この場合に彼が直接的に覚えているのは、繰り返しそう主張したという事実である。彼が、自分が主張していることを信じているとすれば、その信念はそう主張したという記憶からの連想で生み出されたものだろう。だからそれは本当の記憶の一例ではない。おそらくすべての記憶間違いは、このように片付けられると思われる。つまりそれらは、厳密にはそもそも記憶の例ではなかったということが示せるだろう。

記憶の例から、自明性について一つ、重要なことが明らかになった。それは、自明性には度合いがあるということだ。自明性という性質は、単純にあるかないかのどちらかではない。自明性には、絶対に確かだといえる度合いのものから、ほとんど見て取れないほどかすかなものまであるのである。最も高い自明性を持つのは、知覚の真理やいくつかの論理学の原理である。直接的に記憶された真理の自明性は、ほとんどそれらに並ぶ水準にある。帰納原理は、それ以外の論理的原理——たとえば「真なる前提から帰結するものは真でなければならない」のような原理——よりも自明性では劣る。記憶は、より過去のものになるにつれ、そしてよりかすかになるにつれて、自明性をしだいに失っていく。論理学や数学の真理は、(おおざっぱに言えば) 複雑になればなるほど自明性が弱くなる。倫理的なことや美しいものに内在的な価値に関する判断も、ある程度自明でありそうだが、その自明性はそれほど高くはない。

真ではないにもかかわらず、命題がある程度自明性を持つことがあるとしても (そういうこともありそうに思われる)、自明性と真理のつながりを完全に捨ててしまう必要はない。信念が衝突した場合、より自明な方を保存して、他方を捨てるべきだとしておけばよい。それゆえ自明性が度合いを持つことは、知識の理論にとって重要なのである。

しかし、「自明性には二つの異なる概念があるのに、今までの説明ではそれが区別されていない」という意見にも、かなりのもっともらしさがある。つまり、最高度の自明性に対応する、本当に間違いなく真理を保証するものと、それ以外のすべての度合いに対応し、真理を間違いなく保証するわけではなく、ある程度の見込みを与えるに過ぎないもの、この二つを区別しなければならないのかもしれない。しかし今のところはこれに関して議論を進められないので、示唆するにとどめておこう。真理の本性を扱った後で、知識と誤謬の区別に関連させつつ、自明性という主題に戻ることにしよう。

第12章　真と偽

ものの知識とは違い、真理の知識にはその反対がある。すなわち誤謬である。ものを扱うかぎり、それを知ったり知らなかったりすることはありえても、誤謬といえるような明白な心理状態は存在しない。少なくとも、面識による知識に話題を絞るかぎりではそうである。私たちが面識するものが何であろうと、それが何らかのものであるのは間違いない。つまり面識から誤った推論をすることはありえても、面識そのものはけっして私たちをあざむくことはなく、したがって面識には二極性はない。しかし真理の知識には二極性がある。真であることだけでなく、偽であることも信じることができる。また周知のとおり、多くの主題について人々がそれぞれに異なる、しかも互いに両立しない意見を持っているのだから、信念のいくつかは間違っているはずである。ところが、間違った信念はしばしば正しい信念と同じくらい強く信じられている。そこで、どうすればそれらを正しい信念から区別できるかということが難しい問題になる。私たちが何かを信じているとき、どうすれば自分の信念が間違っていないと知ることができるか。これは最も難しい問題の一つであり、完全に満足のいく答えはけっして得られないだろう。しかしそれに答える準備段階として、それほど難しくない問題がある。それは「真」や「偽」は何を意味するかという問いだ。この章で考察しなければならないのは、この準備段階の問いである。

この章では、どうすれば信念の真偽を知ることができるかは問わない。「この信念は真か偽か」という問いは、どういう意味なのかを問題にしたい。この問題に対して明確な答えが得られたなら、どの信念が真かという問いの答えを得るためにも役立つと期待できる。しかしさしあたりは、「どの信念が真か」あるいは「どの信念が偽か」ではなく、「真とは何か」と「偽とは何か」とだけ問うことにしよう。これらの問いをはっきり区別しておくことはきわめて重要である。混同してしまうと、どちらに対しても実際にはあてはまらないような答えが必ずや出てきてしまうからである。

真理の本性を発見するために踏まえなければならない論点、いかなる真理の理論も満たさなければならない要請がある。次の三点である。

（1）真理の反対、すなわち虚偽を認めるような理論でなければならない。多くの哲学者が、この条件に適切に応じることができなかった。つまりその理論によればすべての思考が真になってしまい、偽を位置付けることに多大な困難を抱え込んでしまったのである。この条件があればこそ、信念の理論が面識の理論と異ならざるをえないことにもなる。なぜなら面識の場合、その反対を考慮する必要がなかったからである。

(2)比較的明らかなことだと思われるが、信念がまったく存在しなかったなら、虚偽も存在しえないはずだ。そして真は偽と相関的であるという意味では、真理もまた存在しえないだろう。ただ物質だけからなる世界を想像してみれば、おそらくそこには虚偽の居場所はない。また「事実」と呼べるようなものは含むだろうが、「真理」で虚偽と同種の(36)ものを意味するのなら、そういう真理もまったく含まないだろう。もっとはっきり言えば、真偽は信念または言明の性質なのだ。それゆえ、信念や言明を含まず、物質だけからなる世界には真も偽も含まれないのである。

(3)しかしいま述べたこととは反対に、信念の真偽はつねに、信念そのものの外にある何かに依存していると認めなければならない。「チャールズ一世は断頭台で死んだ」と信じているなら、その信念は正しい。しかしそれは、信念を調べるだけで分かることではない。なぜならそれが正しいのは、信念がそれ自体として持つ性質のためではなく、二五〇年前に起こった歴史上の出来事のためだからである。「チャールズ一世はベッドの中で死んだ」と信じるなら、それは間違っている。たとえどんなに鮮やかな信念だったとしても、信じられるようになった経緯をどんなに考慮したとしても、それが偽でなくなるわけではない。なぜならこの場合もまた、信念が偽になるのははるか昔に起こったことのためであって、信念がそれ自体として持つ性質のためではないからである。したがって、真偽は信念の性質であるが、信念とそれ以外のものとの関係に依存するのであって、信念がそれ自体として持つ性質にはまったく依存しないのである。

この三番目の要請から、「信念と事実の間の、何らかの形式における対応から真理は成り立っている」という見解が出てくる。これは、概して哲学者の間に最も普及している見解である。しかし、文句の付け所のない対応の形式を見つけるのはけっして容易ではない。これが理由の一つとなって――別の理由としては、「もし真理が、思考とその外の何かとの対応からなるのだとすれば、「真理が得られた」ということを思考を通じて知ることができなくなる」という感覚がある――「真理は、信念と完全にその外にあるものとの関係にある」としないような定義を見つけようと、多くの哲学者たちが努力を重ねてきた。[37]そのように真理を定義しようとする試みのうち、最も重要なのは、真理は斉合性[coherence]にあるとする理論である。それによれば、私たちが持つ信念群と斉合しないことこそ偽のしるしであり、各信念の真理の本質は、それが「真理そのもの The Truth」という何一つ欠けたところのない体系の一部になることにある。

しかしこの定義には、ある大きな難点がある。いや、二つの大きな難点としておこう。第一に、「斉合的な信念群は一つしか存在しえない」と想定する理由は何もない。小説家なら、その豊かな想像力によって、私たちが知っていることと完璧に符合するが、実際の過去とはまったく違う世界を作り出せるだろう。もっと科学的な話題でいえば、ある問題に関して知られている事実のすべてを説明する仮説が、しばしば二つ以上になるのは確かなことである。こうした場合、科学者は、一つの仮説だけを残して、それ以外のすべてを退ける事実を発見しようと努力する。しかしそれがいつも実を結ぶはずだとする理由は何もない。

哲学でも、競合する二つの仮説の両方が、すべての事実を説明できることはまれではないと思われる。だからこそ、たとえば「人生は一続きの長い夢であり、外界は夢と同程度の実在性しか持たない」という仮説も可能になる。ただし、このような見解が知られている事実と矛盾しないとしても、それを、他者や物は本当に存在するとする常識よりも好ましいとする理由もない。このように、斉合的な体系が一つしかありえないとする証明がまったく欠けているため、斉合性は真理の定義としては失格なのである。

斉合性による真理の定義へのもう一つの批判は、「斉合性」の意味が分かっているものと仮定したうえで真理を定義している、という点に向けられる。事実は反対で、「斉合性」

のほうが、論理法則が真であることを前提するのである。二つの命題は、ともに真でありうるときに斉合的であり、少なくともどちらかが偽でなければならないとき不斉合である。ところが二つの命題がともに真でありうるかを知るためには、矛盾律のような真理を知っておかなければならない。たとえば「この木はブナである」と「この木はブナではない」という二つの命題が斉合的ではないのは、矛盾律があるからだ。しかし、もし矛盾律自体を斉合性のテストにかけるとするとどうだろう。矛盾律は偽だという想定を選択すれば、いかなる信念も他の信念と不斉合ではなくなることを認めなければならない。それゆえ論理法則は、斉合性のテストを行うための骨組みあるいは枠組みをもたらすものであって、論理法則そのものをこのテストによって確立することはできないのである。

以上二つの理由から、斉合性は、真理の意味を与えるものとしては受け入れられない。たとえ、ある程度の真理がすでに知られた後では、真理のテストとしてしばしばもっとも重要なものとなるとしても。

こうして私たちは、「真理の本性は事実との対応からなる」という見解へと連れ戻される。残された作業は、「事実」で何を意味しているのか、そして信念が真でありうるために、信念と事実との間に成立していなければならない対応はいかなる本性を持つか、この二つを正確に定義することだ。

求めるべきは、先の三つの要請にしたがって、(1) 真理には反対、すなわち虚偽があることを認め、(2) 真理を信念の性質としながらも、(3) それは信念とその外部のものとの関係に完全に依存するとする、そういう真理の理論である。

偽を認めなければならないので、信念は心と単一の対象との関係であるとすることは不可能である。もしそうすることができたなら、その対象こそ「信じられているもの」であると言えるだろう。しかしそうしてしまうと、信念は面識と同じく真偽の対立を受け付けなくなる、つまりつねに真になってしまうだろう。例をあげればはっきりする。オセロは間違って、「デスデモナはキャシオを愛している Desdemona loves Cassio」と信じている。この信念は、「デスデモナのキャシオに対する愛 Desdemona's love for Cassio」という単一の対象に関係することから成立すると言うことはできない。なぜなら、そんな対象があるなら、その信念は真になってしまうからだ。そんなものは実際には存在しないので、オセロはそうした対象と何の関係も持てない。したがってオセロの信念が、そうした対象に関係することから成り立つことはありえない。

それとは別の、「デスデモナがキャシオを愛していること that Desdemona loves Cassio」という「命題的構造を持つ」一つの対象との関係こそが、オセロの信念なのだと言われるかもしれない。しかし、「デスデモナのキャシオに対する愛」のときと同様、デスデモナがキャシオを愛していないときにこんな対象が存在するとは考えがたい。それゆえ「信念は、心と単一の対象との関係からなる」としない理論を探すほうがよい。

関係が成立するのはつねに二つの項の間であると、普通は考えられている。しかし実は、つねにそうであるわけではない。三つの項を必要とする関係もあれば、四つ以上の項を必要とするものもある。たとえば「間にある」という関係がそうだ。この関係は、その関係に立とうとする項が二つしかなければ成立不可能であり、少なくとも三つの項があってはじめて可能になる。ヨークはロンドンとエディンバラの間にある。しかし、もしこの世に場所というものがロンドンとエディンバラだけだとしたら、この二カ所の間には何も存在できないだろう。同じように、嫉妬は三人の人を必要とし、それより一人でも少なくなれば、この関係もありえなくなる。「BがCにDとの結婚を勧めてほしいとAは思った」という命題になると、四つの項の関係を含んでいる。つまりこの命題には、A、B、C、Dの全員と、四人全員を含む形以外では表現されえない関係を含む。例はいくらでも複雑にしていけるが、二つ以上項がなければ成立しえない関係があることが明らかになっているので、もうこれで十分だろう。

偽の命題を正当に認めようとするなら、私たちが判断したり、信念を持っているとき、そこには三つ以上の項の間に成り立つ関係が含まれているとすべきである。「デスデモナはキャシオを愛しているとオセロが信じているとき、「デスデモナのキャシオに対する愛」や「デスデモナがキャシオを愛するということ」といった単一の対象がオセロの心の前にあるのであってはならない。なぜならそうすると、偽の場合にもそうした対象があり、それはいかなる心からも独立に存在するとしなければならないからだ[38]。この理論は退けられるべきだと論理的に証明することはできないが、しかし可能なかぎり避けられるべきである。したがって「心が、命題に含まれるさまざまな対象すべてに対して、別々に関わる関係」として判断を捉えたほうが、偽の説明がより容易になる。どういうことかといえば、オセロが「デスデモナはキャシオを愛している」と信じているとき、デスデモナ・愛すること・キャシオのそれぞれが、そこで成立している関係の項になっていなければならない、ということである。オセロもまたこの関係の項だから、結局ここには四項関係が成立していることになる。四項関係であると言うときには、「オセロはデスデモナに対してある関係を持ち、それと同じ関係を、愛することやキャシオに対しても持っている」ということを意味しているのではない。信じること以外で、このようにして成立する関係があるかもしれないが、信じることは明らかにこんな関係ではない。信じることは、オセロが三つの項に個別に関わるのではなく、三つの項すべてに一度に関わる関係なのだ。つまり信じるという関係の事例は一つしか含まれておらず、それが四つの項を縫い合わせているのである。したがってオセロがその信念を抱いている瞬間に、実際に生じているのは、オセロ・デスデモナ・愛すること・キャシオの四つの項を、「信じる」と呼ばれている関係が縫い合わせ、一つの複合的な全体にしているということなのである。「信念」や「判断」と呼ばれているのは、こうした「信じる」や「判断を下す」という関係に他ならず、それによって心は自分以外の複数のものに関係づけられる。つまり信じたり判断したりという「心の」はたらきは、そうした何らかのものたちのあいだに、特定の時点で信じるとか判断するといった関係が生じることなのである(39)。

ここで私たちはようやく、真なる判断を偽なる判断から区別するのは何かを理解できるところまできた。この目的にかなうよう、いくつかの定義をしておこう。判断するというはたらきにはつねに、判断する心と、その判断が関わる諸項がある。心を判断の「主体」とし、残りの項を「対象」と言う。よって、「デスデモナはキャシオを愛している」とオセロが判断するとき、オセロが主体であり、デスデモナ・愛すること・キャシオは対象である。主体と対象をまとめて、判断の構成要素と呼ぼう。判断するという関係には、「向き」や「方向」と言ってよいものがあることを押さえておこう。比喩的に言うなら、判断は、その対象をある順序に並べるものである。文中の語の順番がそれを示す手がかりになっている(屈折語(40)の場合は語形の変化、たとえば主格と対格の違いによって同じことが示される)。二つの判断が同じ構成要素から成るとしても、判断するという関係が要素を違う順序に並べるなら、それらは異なるものになる。たとえばオセロが「デスデモナはキャシオを愛している」と、「キャシオはデスデモナを愛している」と判断する場合がそうだ。同様に、キャシオが「デスデモナはオセロを愛している」と判断する場合もまた、判断の構成要素は変わらないが順序が違う。判断のこうした性格のことを「向き」や「方向」と呼んでいるのだが、これは判断だけでなくその他のすべての関係にも共有されている。順序や列を始めとする数学的概念の大半は、究極的にはこの関係の「向き」から生じたものだ。しかし関係のこのような側面については、ここではこれ以上関わる必要はない。

私たちは、「判断する」や「信じる」と呼ばれる関係を、主体と対象を一つの複合的な全体へと縫い合わせるものとした。この点では、判断とその他すべての関係はまったく変わらない。関係が二つ以上の項の間に成立しているとき、それはつねに項を一つの複合的な全体にしている。オセロがデスデモナを愛しているなら、「デスデモナに対するオセロの愛 Othello's love for Desdemona」という一つの複合的全体が存在している。関係によって一つにされる各項それ自体は、複合的なこともあれば単純なこともある。しかしそれらが一つにされることによってできる全体は、必ず複合的である。ある関係が複数の項を一つにしているなら、それらが一つになることでできた複合的な対象が存在する。逆に複合的な対象があるなら、必ずその構成要素を一つにしている関係がある。[41]「信じる」というはたらきがある場合には、「信じる」という関係によって一つにされた複合物が存在し、その関係の「向き」によって、主体と「複合物の構成要素となる」諸対象が特定の順序に並べられているのである。オセロの「デスデモナはキャシオを愛している」という信念を考察したときに見たように、それらの対象のうち、一つは関係でなければならない。この例では、「愛している」がそうだ。しかし主体と対象からなる複合的全体を統一しているのは、この信じるというはたらきの中に生じている「愛している」という関係ではない。関係「愛している」は、この場合は対象の一つである。言うなれば建物のブロックなのであって、セメントではない。セメントの役割を果たしているのは、関係「信じる」である。信念が真であるときには、信念とは別の統一体もあり、そしてその中では、信念中では対象の一つでしかない関係「「愛している」」が、それ以外の対象を一つにする役割を果たしている。たとえばオセロが「デスデモナはキャシオを愛している」と信じていることが正しいとしよう。そのときには「デスデモナのキャシオに対する愛」という複合的な統一体が存在し、それは信念の対象だけを、信じられているときと同じ順序でまとめることにより構成されたものだ。そして信念に対象の一つとして含まれていた関係「「愛する」」が、今度は他の対象をつなぎ合わせるセメントの役割を果たしているのである。一方信念が偽であれば、その対象だけからなる複合的な統一体は存在しない。オセロが「デスデモナはキャシオを愛する」と信じていることが間違いならば、「デスデモナのキャシオに対する愛」のような複合的な統一体は存在しないのである。

したがって信念が真であるのは、それと関連したある複合物に信念が対応するときであり、そうでないなら偽なのである。話をすっきりさせるため、信念が二つの項と一つの関係しか対象にせず、そしてそれらが信じるというはたらきの「向き」によって、ある順番で並べられているとしよう。この場合、もし二つの項がその順番どおりに関係によって一つにされ、複合物になっているのであれば、その信念は真である。そうでなければ偽である。こうして、私たちが求めていた真と偽の定義ができあがる。「判断する」あるいは「信念を持つ」とは、心を一つの要素とする複合的な統一体であり、心以外の構成要素が複合物を作るかどうかでその真偽が分かれる。信念中と同じ順序で作るなら真であり、さもなければ偽である。

したがって、真偽が信念の性質だとしても、それはある意味で信念の外にある。というのも、信念が真であるための条件は、信念あるいは（一般に）心をまったく含んでおらず、信念の対象だけを含むからだ。心がある信念を持つとき、正しく信じていると言えるのは、心以外の対象だけを含む複合物があり、それが信念に対応しているときである。この対応が真理を確かなものとし、対応が欠けているなら偽であることになる。こうして私たちは、（a）信念は、存在するためには心に依存し、（b）真であるためには心に依存しないという、この二つの事実を一度に説明したことになる。

以上の理論を、次のように言いなおしてもよい。「オセロは、「デスデモナはキャシオを愛する」と信じている」という信念を例としよう。また、「デスデモナ」と「キャシオ」を対象項、そして「愛する」を対象関係と呼ぶことにしよう。さらに、対象項が信念と同じ順序で、対象関係によって一つにされ、「デスデモナのキャシオに対する愛」という複合的な統一体があるなら、これを信念の対応事実と呼ぶことにする。すると、信念は対応事実が存在するなら真で、なければ偽である。

心は真偽を生み出さないことがわかるだろう。心が生み出すのは信念であって、いったん生み出した信念を真にも偽にもできない。ただし、信じている人の力で実現できる未来のことに関わるような、特殊な場合――「列車に間に合おう」という信念のような――を除いて。信念を真にするのは事実であり、この事実はいかなる仕方でも（例外的な場合を除けば）信じている人の心を含んでいないのである。

さて、真偽で何を意味しているのかが決まったので、次に、信念の真偽を知る方法にはどんなものがあるのかを考えなければならない。次の章はこの考察に専念したい。

第13章　知識、誤謬、蓋然的な見解

前章で、私たちは「真」あるいは「偽」で何を意味しているのかという問題を考察したが、どうすれば真偽を知ることができるかという問題に比べれば、それはさほど興味をそそるものではない。本章では、この後者の問題に専念したい。信念のいくつかが間違っていることに疑いはないので、どのような確実さでもって「これこれの信念は誤謬ではない」とすることができるかを調べる必要がでてくる。言いかえれば、そもそも私たちが何かを知ることはあるのか、それとも、ときおり運よく正しいことを信じているだけなのか、という問題だ。しかしこれに取りかかる前に、まずは「知る」の意味を確定しておかなければならない。だが、これもまた思ったほど簡単な問題ではないのである。

一見したところ、知識は「真なる信念」として定義できると思うかもしれない。信じていることが正しいときには、自分はそういう知識を手に入れたのだと考えてしまうかもしれない。だがこれでは、「知識」という語の日常的な用法に一致しないだろう。いささかつまらない例だが、前首相の姓がBで始まると信じる人がいたとしよう。前首相はヘンリー・キャンベル・バナマン卿だったので、彼は正しいことを信じている。しかし彼はまた、前首相はバルフォア氏だと信じていたとすればどうだろう。彼は、やはり前首相の姓はBで始まると信じているだろうが、この信念は真であるとしても、知識の一部とは考えられないだろう。ある戦闘結果を告げる電報が届く前に、ある新聞が推理力をはたらかせて結果を報じたとしよう。後になって、それが運よく正しい結果を知らせていたことになり、世間というものをあまり知らない読者の中には、その報道を通じて信念を持つ者もでてくるかもしれない。しかしその信念は正しいにもかかわらず、この読者が知識を持っているとは言えない。このように偽なる信念から推論されて得られたときには、真なる信念は明らかに知識ではない。

同様に、たとえ前提が真でも、間違った論証過程を経て得られたのであれば、その信念を「知識」と呼ぶことはできない。私が「すべてのギリシア人は人間である」ことと、「ソクラテスが人間である」ことを知っていて、そこから「ソクラテスはギリシア人である」と推論したとする。このとき、私はソクラテスがギリシア人であることを知っているということができない。なぜなら前提と結論は真だとしても、その前提からそのような結論は出てこないからだ。

では、「知識とは真なる前提から妥当な仕方で推論されたものに他ならない」というべきなのだろうか。明らかにそうではない。これでは定義として、広すぎると同時に狭すぎる。まず、前提は真でなければならないとするだけでは不十分で、それは知られてもいなければならないから、定義としては広すぎる。前首相はバルフォア氏だったと信じている人が、「前首相の姓はBで始まる」という正しい前提から、いろいろと妥当な推論をすることもあるかもしれない。しかしその人が、そうした推論結果を知っているとは言えない。それゆえ「知られた前提から妥当な仕方で導き出されたものが知識である」と、定義を修正しなければならない。しかしこの定義は、「知られた前提」の意味がすでに分かっていることを前提しているので、堂々めぐりをしている。だからそれは知識の一種――直観的知識と対比して、派生的知識と言われるもの――を定義するにとどまる。「派生的知識は、直観的に知られた前提から妥当な仕方で推論されたものである」と言える。この言明には形式上の欠陥はないが、直観的知識の定義をなお調べるべきものにしたままである。

直観的知識の問題はいったん棚上げにしておき、いま提案した派生的知識の定義を検討しよう。これに対する主な批判として、「その定義は知識を不当に制限しているのではないか」ということがある。人々が、ある直観的知識から妥当に推論されうるような信念を抱いているとしよう。そうした直観的知識からその信念が芽生えたのだとしても、その信念を抱くとき、論理的な過程を経た推論などなされていないのが通例である。

　例として、読むことによって何かを信じる場面を取り上げよう。新聞が王の死を報じたなら、それは私たちが「王が死んだ」と信じることに対する、かなりよい正当化になる。なぜならその報道は、間違っているときにはなされないようなものだからである。また「新聞は王が死んだと主張している」という私たちが持つ信念も、申し分なく正当化される。しかしこの場合に信念が基づいているのは、センスデータ――紙面を見ることにより得られるセンスデータ――が存在することに関する直観的知識である。この知識は、読むのが苦手な人以外に意識されることはない。子供はまず文字の形に気づき、それから苦労を重ねつつしだいにその意味を理解していく。しかし読むのに慣れた人の場合、すぐさま文字からその意味へと意識は移る。どうやって信念を得たのかをふりかえらないかぎり、この知識を「印刷された文字を見ること」と呼びうるセンスデータから得たことに気づかない。このとき、文字から意味へと妥当に推論することができるとしても、また読者が自分でそう推論することが可能であるとしても、しかし実際には推論されていない。読者は論理的推論と呼べるような作業を何もしてないからだ。しかし、その読者は新聞が王の死を報じているということを知らないと言うのは不合理だろう。

そこでこうなる。直観的知識の結果の中には、直観的知識との間に論理的なつながりを持ち、かつ知識を持っているかどうかが問われている人が自分の信念の由来をふりかえることで、その論理的なつながりを意識するようになりうる信念がある。このような信念は、たとえそれが直観的知識から連想の結果得られたに過ぎないとしても、以上の条件が成立しているなら、いずれも派生的知識である。実際、論理的推論以外にも、信念から別の信念への移り方にはいろいろあるのだ。そうした移り方は「心理的推論」と呼んでよいもので、たとえば文字から意味への推移がそれを具体的に示している。だから心理的推論を、それと平行して発見可能な論理的推論がある場合には、派生的知識を獲得する一手段として認めることにしよう。すると、派生的知識の定義は期待していたほど厳密ではなくなる。発見するためにどれくらいの反省が必要なのかについて何も語っていないように、「発見可能」という表現はあいまいだからである。しかし実際、「知識」は厳密な概念ではないのである。この章のもっと先になれば分かるように、知識と「蓋然的な見解」との間にははっきりとした境界はない。それゆえ、厳密に定義しようとすると大なり小なり誤解を招くようなものしか得られないのだから、そもそも厳密な定義を求めるべきではないのである。

だが、知識に関する主たる難問は、派生的なものではなく直観的なものに関して生じる。

派生的知識を扱うかぎりでは、直観的知識を頼りとして、知識とみなせるかどうかをテストすればよい。しかし直観的信念を扱うとなると、そのうちの真なるものを偽なるものから区別する基準を見つけるのは容易ではない。この問題に対しては、どこまでもきっちりとした正確な結果など、到底得ることはできない。つまり、真理の知識はどれも、ある程度の疑いに染まっているのであって、これを無視する理論は明らかに間違っているのである。とはいえ、問題の難しさを多少なりとも和らげる手が何もないわけではない。

まず、前章で得られた真理の理論から、ある種の真理を――けっして誤りえないという意味で――自明なものとして、それ以外のものから区別する可能性が生まれる。前章では次のように論じた。信念が真ならば、それに対応して、信念の対象から形成された複合物である事実が存在する。そうした信念がさらに、本章でいままで論じていたいくぶんあいまいな条件を満たすなら、それは対応する事実についての知識となっていると言ってよい。しかし私たちは、いかなる事実を知るときにも、信念からなる知識だけでなく（語の意味をできるかぎりひろく取ったとして）知覚からなる知識を持つこともできる。日没を例としよう。日が沈む時刻を知っているなら、あなたはその時刻が来たとき、「太陽が沈む」という事実を知ることができる。この場合、その事実を真理の知識という仕方で知ったのだ。しかし天気がよければ、西の空を眺めて沈みゆく太陽を実際に見ることもできる。この場合は、あなたは同じ事実をものの知識という仕方で知ったのである。

よって、複合的事実の知り方には、理論的に言って二通りあることになる。（1）判断という手段による知り方。この仕方で知識を持っているときには、事実の部分が実際に持っているのと同じように、判断の部分は相互に関係しあっていると判断されている。（2）複合的事実そのものとの面識という手段による知り方。（ひろい意味での）知覚であると言ってよいが、感覚器官を通じて捉えられる対象に限定されるわけではない。ここで、複合的事実の第二の知り方、つまり面識という知り方ができるのは本当にそうした事実があるときだけだが、他方、第一の知り方は他のすべての判断と同様間違いやすいものだ、ということが分かるだろう。第二の知り方は私たちに複合的な全体を与えるものなので、これが可能なのは、複合物を作る関係をその部分が実際に持っているときだけだ。反対に、第一の知り方は部分と関係を別々に与えるので、実際に実在しなければならないのは部分と関係だけである。その関係がそれらの部分を結び付けていないにもかかわらず、そういう事実があると判断されることもある。

第11章の最後で、自明性には二つの種類があるかもしれないと示唆したことを覚えているだろう。真理の絶対的な保証を与えるものと、部分的にしか保証しないものの二つであった。今やこの区別をつけることができる。

ある真理に対応する事実が面識されているとき、その真理は第一の意味で、つまり最高度に絶対的であるという意味で自明だと言える。「デスデモナはキャシオを愛する」とオセロが信じるとき、彼の信念が真ならば、それに対応して、デスデモナのキャシオに対する愛という事実がある。デスデモナ以外誰もこの事実を面識できないので、いま考察している意味で、デスデモナはキャシオを愛するという真理が自明でありうるのは（仮にそれが真であったとして）、デスデモナにとってのみである。心的な事実、そしてセンスデータに関する事実はすべて、これと同じ私秘性を持っている。つまり心的なものやセンスデータについての事実を面識できるのは一人だけだから、そうした事実が自明であるのも一人に対してだけなのである。このように、存在する個物に関する事実で、複数の人間に対し自明でありうるものなどない。一方、普遍についての事実はこのような私秘性を持たない。多くの心が同じ普遍を面識でき、それゆえ普遍のあいだの関係もまた面識を通じて人々に知られる。何らかの項が何らかの関係を持つことからなる複合的事実を面識している場合には、それらの項はその関係を持っているという真理はつねに第一種の自明性、あるいは絶対的な自明性を持っているということにしよう。この場合、「それらの項はその関係を持っている」という判断は間違いなく真である。それゆえこの種の自明性は絶対的に真理を保証するのである。

しかし、この種の自明性が真理を絶対的に保証するとしても、それは「いま真かどうかを検討している判断は真である」ということを、私たちに絶対的には確信させてはくれない。[42] これはどんな判断に関しても言えることである。たとえば、まず太陽が輝いていること——これは一つの複合的事実である——を知覚し、それから「太陽が輝いている」という判断に進むところを想像してみよう。知覚から判断へと進むわけだが、そのさいには与えられた複合的事実を分析する必要がある。つまり、事実からその構成要素として「太陽」と「輝いている」を切り出さなければならないのだ。このときに、誤りを犯す可能性がある。したがって、たとえ事実が第一種の、あるいは絶対的な自明性を持っていたとしても、それに対応すると信じられている判断が絶対に間違っていないということにはならないのである。本当は対応していなかった、ということがありうるからだ。だがもし（前章で説明した意味で）対応するのであれば、判断は間違いなく真である。

　第二種の自明性は、事実を一つに統一された複合物として直接知覚することから生まれるのではなく、はじめから判断に属する。この二番目の自明性には程度の違いがあり、最も高い段階に属するものから、ただ信じてみる気になっているだけという状態まで、さまざまである。石畳の道を馬が駆け足で遠ざかっていく場面を想像しよう。はじめのうちは、ひづめが路面を打つ音を聞いていることを一点の迷いもなく確信している。そのまま集中して聞いていると、しばらくして「この音は想像の産物だ」とか「二階のブラインドの音だ」、さらには「自分の鼓動ではないか」と思うようになってくる。ついには、そもそも音がしているかどうかすら疑わしくなる。この段階になると、私たちは「もはや自分は何も聞いていない」と考え、最終的には「自分は何も聞いてない」ということを知る。この成り行きのうちに、自明性の最高段階から最低段階への連続的変化がある。しかしこれはセンスデータの自明性ではなく、センスデータに基づく判断の自明性である。

あるいは二つの色、たとえば青を緑と比べると、それらが異なることを強く確信することができる。しかし、緑を青に似た色になるよう次第に変えていくとしよう。まずは青っぽい緑色にし、次に緑色っぽい青にし、そこからさらに青くしていくと、二つの色の違いを見ているか疑わしくなるときがくる。そしてついに、自分は何の違いも見ていないと知る瞬間がくるだろう。同じことは楽器のチューニングをしているときのように、連続的な推移がある場合にはつねに起こる。このように、この種の自明性は程度問題なのである。また自明性のレベルの高いものの方が、低いものよりも信頼できることは明白だろう。

私たちが派生的な知識を持つとき、その根本的な前提は一定程度自明でなければならない。また、前提とそこから推論される帰結とのつながりも同様である。たとえば幾何学で証明するとき、その出発点となる公理は当然自明だが、それだけでは不十分で、論証の各ステップでの前提と帰結のつながりもまた自明でなければならない。論証が難しくなると、このつながりの自明性がかなり少なくなる。それゆえきわめて難しい論証になると、証明間違いが起こりやすくなるのである。

「直観的知識の信頼性は、その自明性に比例する」ということを受け入れるなら、直観的および派生的知識の信頼性は連続的に推移することになる。そしてこの推移は、はっきりしたセンスデータが存在することや、論理学および算術的真理のうちのかなり単純なもの――これらはきわめて確実なものとして受け入れられる――から、たんにその反対の主張よりは蓋然性が高いと思われるにすぎない判断までの広がりを持つ。これまで述べてきたことから、以上のことは明らかであろう。私たちのかたい信念が真であるとき、それが知識と言えるのは、直観的であるときか、あるいはその論理的前提となる直観的知識から(論理的もしくは心理的に)推論されたときである。たとえかたい信念だとしても、真でないなら誤謬とするべきである。かたい信念のうち知識でも誤謬でもないもの、あるいはまたかたい信念ではあるものの、――それ自身として最高に自明ではなかったり、最高に自明なものに由来しないことが理由となって――多少ためらいがちに抱かれている場合、その信念は「蓋然的な見解」と呼ばれる。したがって一般に知識として通用している信念の大半は、程度の差こそあれ、どれも蓋然的な見解なのである。

蓋然的な見解に対しては、斉合性が大きな助けになる。斉合性は真理の定義としては退けられたが、しかしそれはしばしば真理の基準としてなら使えるのである。複数の蓋然的な見解が斉合的ならば、それらを一つにまとめたときの蓋然性は、それらが個別のときよりも大きくなる。多くの科学的仮説が蓋然性を得るのも、こうした仕方による。つまりそれらは、斉合的な体系の一部となることで、単独に取り出したときよりも蓋然性が高くなるのである。同じことは一般的な哲学的仮説についても言える。単独で取り出したなら、そうした仮説はしばしばきわめて疑わしく思える。しかしそれらが一群の蓋然的な見解の秩序を整え、斉合性をもたらすことに鑑みれば、それらはほとんど確実になる。これはとくに、夢と覚醒時の区別のような問題に使うことができる。日中の経験と同じように、夜毎の夢が斉合的だったとしたら、夢と目覚めているときの生活のどちらを信じるべきか、ほとんどわからなくなるにちがいない。しかし実際は、斉合性のテストによって夢は退けられ、日中の経験が認められる。ただし、この斉合性のテストは、成功しているときには蓋然性を増すとはいえ、それだけではけっして絶対的な確実性をもたらさない。確実になるのは、斉合的な信念体系のどこかに、前もって確実なものがあるときだ。したがって、蓋然的な見解をただ組織的にするだけでおのずと疑いようのない知識に変化する、などということはけっして起こらないのである。

第14章　哲学的知識の限界

ここまで哲学に関していろいろと述べてきたが、ほとんどの哲学者がその著作で、かなりのページを割いて論じている多くの問題には、まったくと言ってよいほど触れてこなかった。哲学者のほとんどが——少なくとも、かなり多くが——アプリオリな形而上学的論証によって、宗教の根本的教義や宇宙の本質的な合理性、物質は幻想にすぎないこと、本当は悪は存在しないことなどを証明できると公言する。そして多くの人が、こうした主張を信じるべき根拠を見つけ出したいと思い、それゆえ生涯哲学を学びつづけるのである。そのことは疑いようがないのだが、そんな希望は空しいと私は思う。形而上学によっては全体としての宇宙に関する知識は得られないのではないだろうか。論理法則によって、これこれのものが存在しなければならないとか、それとは別のものが存在しえないとする証明が提起されているが、それらはどれも批判的な吟味に耐えられそうにない。本章では、こういうアプリオリな論証の試みを手短に考察し、そういう妥当な論証が可能であるという希望が持てるかどうかを見出したい。

　近代の哲学者の中で、いまから検討しようとする見解を持っていた代表的人物はヘーゲル（一七七〇―一八三一）である。ヘーゲルの哲学は非常に難解で、どう解釈するのが正しいのかは、注釈者の間でも意見が分かれる。私は、大部分とは言えないが多くの解釈者が受け入れており、哲学として興味深く重要なものになる読み方を採りたいと思う。[43]その解釈に従うなら、ヘーゲルの中心的テーゼは次のものである。すなわち、唯一無二の全体［The Whole］に達しないものはいずれも断片的であり、そしてまた世界全体の残りの部分によって補われないかぎり存在しえないのは明らかだ、ということである。ヘーゲルによれば、比較解剖学者がひとかけらの骨から、その動物は全体としてどういう種類のものだったのかを理解するように、形而上学者は一片の実在から、実在は全体としてどのようなものであるはずかを――少なくともその輪郭だけでも――見て取るのが仕事である。実在の断片は一見、互いに切り離されてあるように見えるが、いわばいくつもの鉤を持っていて、それをとなりの断片にひっかけている。そしてひっかけられた断片が今度はそのとなりの断片に、という具合にどんどんつながっていき、宇宙全体が復元されるのである。断片が本質的に持つこの不完全性は、思考の世界と事物の世界の双方に等しく見られるとヘーゲルは言う。思考の世界については、抽象的であったり不完全だったりする観念はいずれも、その不完全性を忘れるなら、私たちを矛盾に巻き込むものだということが分かる。そしてこの矛盾は、元の観念をそれと対立する観念――あるいはアンチテーゼ――に変えてしまう。この矛盾から逃れるためには、元の観念とそのアンチテーゼを統合する、不完全さの少ない新たな観念を見つけ出さなければならない。だがこの新しい観念は、元の観念よりは不完全さは少ないとはいえ、依然としてまったく完全というわけではなく、そのアンチテーゼへと変えられてしまうことが判明する。そこでさらに新たな統合がなされなければならなくなり、そしてそこからまた、というようにヘーゲルはどんどん突き進み、最後には「絶対観念」に到達する。ヘーゲルによれば「絶対観念」にはいかなる不完全性も対立物も、さらなる発展の必要もない。それゆえ絶対観念は、絶対的な実在を記述するのに適切な観念である。しかしそれより下位のすべての観念は、限られた視点から見た実在を記述するに過ぎず、唯一無二の全体を一望の下に収めるものにとって実在とはどのようなものかを記述していない。ここからヘーゲルは、次の結論に到達する。絶対的な実在は一つの調和した体系を形成し、それは時間の中にも空間の中にもない。そしてわずかな悪もそこにはなく、完全に合理的で精神的である。私たちが知っている世界はこの正反対であるように見えるが、それはひとえに私たちが宇宙を断片的に、その部分をばらばらに見ているためであることを、論理的に証明できるとヘーゲルは信じていた。神ならばそうするであろうように宇宙を全体として見るならば、空間、時間、物質、悪、そしてあらゆる努力や闘争が消え、かわりに永遠で完全な、変化のない精神的な全体が見えるはずだ。

こうした構想には、何かしら崇高なもの、できるなら同意したく思うものがあるのは否めない。とはいえ、それを支える議論を注意深く調べるなら、はなはだしい混乱と、正当化しえない多くの前提がそこに含まれていることが明らかになる。この哲学的体系は、「不完全なものは自立できず、他のものに支えられてはじめて存在できるようになるにちがいない」という根本的教義に基づいている。「自分の外にある何かと関係するものは、いずれもその本性において、それら外部のものに関連付けられていなければならない。それゆえそうした外部のものが存在しなければ、いま現にあるとおりのものではありえない」と考えられているのである。たとえばある人の本性は記憶やその他の知識、愛情や憎しみなどからなる。したがって、彼が知り、愛し、憎んでいる対象がなかったとしたら、彼は彼であることができなかっただろう。その人が断片であることは本質的かつ明らかなことであり、それゆえもし実在の総和であって欠けたところのないものと見なされたなら、彼は自己と矛盾することになるだろう。

しかしこの見解は全体的に、ものの「本性」という概念に基づいている。「本性」の意味するところは、「そのものに関するすべての真理」であると思われる。もちろん、あるものを別のものに結びつける真理は、その別のものが存在しなければ成立しえない。しかし、ものについての真理が——以上の用法に従うかぎりでの——ものの「本性」の一部でなければならないとしても、それはものの一部ではない。「本性」によってそのものについてのすべての真理を意味するなら、あるものの本性を知るためには、ほかのすべてのもの——宇宙にあるすべてのもの——に対し、それが持つ関係を知らなければならなくなるのは明らかだ。しかしこういう意味で「本性」という語を使うのであれば、「私たちはものの本性を知らないときでも、あるいは少なくとも完全には知らないときでも、そのものを知ることができる」とするべきであろう。この意味で「本性」を使うときには、ものの知識と真理の知識を混同しているのである。私たちはあるものを、たとえそれに関して二、三の命題しか知らなかったとしても、面識によって知ることができる。理論的に言えば、そうした命題は一切知らなくともかまわない。だから面識による知識は、先の意味での「本性」の知識を含まない。またあるものに関して一つの命題を知るときには、面識はそこに含まれているのだが、先の意味での「本性」の知識は含まれていない。したがって、

(1) あるものとの面識は、他のものに対して持つ関係の知識を論理的に含んでおらず、

(2) そうした関係のうちの任意の一つに関する知識は、すべての関係に関する知識も、

先の意味での「本性」の知識も含まない、ということになる。たとえば私は自分の歯痛を面識できる。面識による知識はつねにそうであるように、この場合も完全である。歯医者（この人は私の歯痛を面識していない）はこの痛みの原因についていろいろと教えてくれるだろう。しかしそうしたことを一切知らなくとも、それゆえ先の意味での「本性」を知らなくとも、自分の歯痛に関する私の知識は完全である。それゆえ、あるものが何かに関係しているという事実は、その関係が論理的に不可欠なものだということを証明しない。つまり、そのものがそのものであるという事実だけからは、実際に持っているさまざまな関係をそれは必ず持つということを演繹できないのである。関係をすでに知っているので、そうした推論ができるように思えるだけだ。

宇宙は全体として一つの調和的な体系をなすとヘーゲルは信じたが、結局それは証明できないことになる。これが証明できないなら、空間や時間、物質や悪が本当は存在しないということもまた証明できない。というのも、ヘーゲルはそれらが存在しないことを、それらが断片的で関係的な特徴を持つことから演繹していたからである。こうして私たちは、世界の各部分をひとつひとつ調べていかなければならず、宇宙のうち、私たちの経験から遠く離れた部分の特徴を知ることができないことになる。さまざまな哲学体系によって望みを高く持つようになった人は、この結果に失望するだろう。しかしこれは、この章まで行ってきた人間の知識に関する研究全体から得られた成果であり、現代の帰納的で科学的な気質とも調和する。

偉大な形而上学者たちの大半は、現実の世界が明らかに持つようにみえる諸特徴は、自己矛盾的であるがゆえに実在的ではありえないことを証明しようとしてきた。そうして野心的な試みがなされてきたのだが、しかし現代の思想は全体的に、幻想なのは矛盾があると考えたことの方であり、何が存在しなければならないかを考察することでアプリオリに証明できることなどほとんどない、ということを示す方へと向かっている。空間と時間はその好例である。それらは無限に広がり、無限に分割できるようにみえる。直線に沿ってどちらかの方向に進むとどうなるか。最後には終点に到着し、それより向こうには何も、空っぽの空間すらなくなるとは、到底信じがたい。同様に、過去や未来への時間旅行を想像するとどうか。時間の始まりや終わりに到着し、その向こうには空っぽの時間すらないということも信じがたい。このように、空間と時間は無限に広がっているようにみえる。

さらには、直線上の二点間には、その間隔がどれほど小さくとも別の点があるのは明白だろう。すべての距離は半分にできる。それはさらに半分にでき、どこまでもそれを続けることができる。時間についても同様で、二つの瞬間のあいだに経過する時間がどれだけ短くとも、その間には別の瞬間があるはずなのは明白だろう。このように、空間と時間は無限に分割可能であるようにみえる。しかし哲学者たちは、こうした明らかな事実——無限の広がりと無限の分割可能性——に反対し、「ものの無限の集まりなど存在できず、空間点と瞬間の数は有限でなければならない」ことを示そうとして、いろいろと議論してきたのである。こうして、時間と空間にとって明らかにその本質であると思われることと、ものの無限の集まりは不可能だという想定の間に矛盾が生じたのである。

この矛盾を最初に強調したのはカントだが、彼はその矛盾から論理的帰結として、空間と時間の不可能性を演繹し、それらは主観的なものに過ぎないと宣言した。そしてカント以来、非常に多くの哲学者が空間と時間はただの見せかけであり、本当にあるがままの世界に含まれる特徴ではないと信じてきた。しかしいまでは数学者たち、とりわけゲオルグ・カントール(44)の努力により、ものの無限の集まりを不可能だとしたのは間違っていたことが明らかにされた。無限の集まりは、心に染み付いた偏見と矛盾するだけで、実際には自己矛盾していない。したがって空間と時間は実在しないとする根拠は無効になり、形而上学が湧き出していた豊かな泉の一つは干上がってしまったのである。

しかし数学者は、常識的に考えられた空間が可能であることを示すだけでは満足しなかった。論理が示す限りでは、それ以外の多くの空間形式も同じく可能なことまで明らかにしたのである。ユークリッド幾何学の公理のいくつかは、常識的には必然的だと思われ、またこれまでは哲学者もそう考えてきた。しかしそう思えるのは、私たちが現実の世界になじんでいるからにすぎず、アプリオリな論理的根拠があるわけではない、ということがすでに判明している。数学者はそれらの公理が偽になる世界を想像し、そしてそこから論理を使い、常識的な偏見を解消して、私たちが生きているのとは異なる――大いに異なるものもあれば、ほとんど変わらないものもあるが――空間が可能なことを明らかにした。なかには、ユークリッド空間とほとんど変わらないので、私たちに測定できる距離しか問題にしない場合、そうした空間と厳密なユークリッド空間のどちらが現実なのか、観察によっては決められないものもある。かくして状況は完全に逆転する。かつては、経験によってただ一種類の空間だけが残され、それが不可能であることを論理が明らかにしていた。いまや、経験とは独立に論理がいくつもの空間を提示し、そのなかから現実の空間となるものを経験が選び出すのだが、候補をある程度絞り込むところまでしかできない。このように、「何が存在するか」に関する知識は当初予想されていたよりも減ってしまったのだが、「何が存在可能か」に関する知識は大幅に増えたのである。かつては経験という壁に取り囲まれ、隅をほじくり返したり壁に割れ目を探すことしかできなかった。それがいまや、あまりに数が多いので大部分知らないままに終わってしまうほどの、さまざまな可能性からなる自由な世界の中に、私たちはいるのである。

空間や時間と同様のことが、その他の方面でもある程度生じている。アプリオリな原則を使って宇宙のあり方をあらかじめ指定しようとする試みは破綻し、かつては可能性を切り詰める役割を果たしていた論理は、いまや、無反省な常識によってはけっして見えてこない無数の選択肢を提案する。こうして論理は、想像力の偉大なる解放者になった。論理がもたらした多くの世界の中から現実のものを選び出すのは――それが可能な場合は――経験の役割として残される。それゆえ存在するものに関する知識は、経験から学べることに限られるのである。といっても、実際に経験できることに限られるのではない。なぜならすでに見たように、直接経験していないものについても、記述によって得た知識がたくさんあるからだ。しかし記述によって知識を得るときにはつねに、ある対象を、それを含意する何らかのデータから推論しなければならず、そのためには普遍間の結びつきを知っておかなければならない。たとえば経験を通じて物的対象を知るには、「センスデータは物的対象のしるしである」という原理が必要だが、この原理自体が以上のような普遍間の結びつきの一例になっている。そしてこの原理によってはじめて、経験から物的対象に関する知識を得られるようになるのである。同じことは因果法則や、あるいは重力法則のようなもっと一般性の少ない原理についても言える。

重力法則のような原理は、純粋にアプリオリな原理――たとえば帰納原理――と経験とが組み合わさることで証明されるか、あるいはその蓋然性が高められる。したがって直観的知識には二種類あり、それら以外のすべての真理の知識はそこから生み出されることになる。すなわち、面識している個物が存在し、何らかの性質を持つことを教える純粋な経験的知識と、そうして与えられた個別の事実から推論していけるようにする、普遍間のつながりを教える純粋なアプリオリな知識の二つである。派生的な知識は、純粋なアプリオリな知識に必ず基づき、また普通は純粋に経験的な知識にも依存する。

いままで述べてきたことが正しいなら、哲学的知識は科学的知識と本質的にはかわらない。科学ではなく哲学に対してだけ開かれた特別な知恵の源など存在せず、哲学の成果は、科学が得たものと根本的には異なるわけではない。哲学の研究の本質的な特徴であり、哲学と科学とを分けているのは批判である。科学や日々の生活で使われているさまざまな原理を、哲学は批判的に検討する。それらの原理の中に不整合があれば一つ残らず探し出し、それを批判的に調べた結果、拒否する理由が何もなくなったときにはじめて原理を受け入れる。多くの哲学者は、「細部を不必要なものと見なして捨象すれば、科学の根底にある原理から全体としての宇宙に関する知識を得ることができる」と信じてきた。もしその通りだったとすれば、そうした知識は科学的知識と同様、私たちが信じるべきものだろう。しかし私たちがこれまで考察してきたかぎりでは、そんな知識の存在は明らかにならず、それゆえ、大胆な形而上学者たちが唱えてきた特殊な教説に関しては、主として否定的な結果が得られた。しかし普通に知識として認められているものに関して考察すると、主に肯定的な結果が得られたのだった。つまり批判的に検討しても、そのような知識を拒否すべき理由はめったに見つからず、一般に人が所有していると信じられている知識が、本当は知りえないたぐいのことであると考える理由は、何も見つからなかった。

　しかし哲学を知識の批判とするとしても、ある程度まで批判を制限しなければならない。完全に懐疑的な態度をとり、一切の知識から手を引いた状態でいるとしよう。そんな状態から、「知識を持った状態まで戻ってみせなさい」と要求されても、それに答えることは不可能だ。それゆえこのような完全な懐疑論はけっして論駁できないのである。というのも、何もかもを疑っている状態からは議論をはじめることすら不可能であり、いかなる主張であれ、それを論駁するためには相手と知識を共有することからはじめなければならないからだ。したがって、成果を得るためには、哲学が用いる知識の批判はこのような破壊的なものであってはならない。だがこうした懐疑論に対して論理的な論証を通じた反対ができないとしても、それらが不合理だということを見抜くのはさほど難しいことではない。近代哲学の始まりを告げるデカルトの「方法的懐疑」は、この種の懐疑論ではなく、むしろここで哲学の本質だと主張している種類の批判である。「方法的懐疑」とは、疑わしく思えるものなら何でも疑うことである。つまり、立ち止まって、知識のように見えるものをひとつひとつ取り出しては注意深く検討し、自分は本当にそれを知っていると確信しているかどうかを自らに問いかけていくことだ。哲学を成り立たしめるのはこういう批判なのである。知識のなかには、たとえばセンスデータの存在に関するもののように、どれほど冷静にとことんまで検討しても、疑うことがまったくできないと思われるものがある。哲学的批判は、そうした知識まで信じることを控えるよう求めたりしない。しかし、よくよく考えてみるまではかたく信じているが、入念に調べてみると次第に崩れてゆく信念もある――たとえば、「物的対象はセンスデータに厳密に類似している」という信念がそうだ。そのような信念に関しては、哲学は、それを支持する新しい議論が見つからないかぎり拒否するよう命じる。しかし、どんなに丹念に検討してみても、いかなる反論も受け付けないように見える信念を拒否することは不合理であり、そんなことは哲学も主張しない。

要は、理由もなく拒否するべきだと決めつけるのではなく、知識に見えるものの実態をひとつひとつ考察し、それを終えたときにもやはり知識だと思えるものなら何でも取っておく、そういう批判を目指しているのだ。人は間違いを犯す動物なので、誤謬の可能性がいくらか残ることは認めざるをえない。しかし哲学は、「誤謬の可能性を減らし、ときには事実上無視できるほどまでそれを小さくするのだ」と、正当に主張できる。誤りが起こらざるをえないこの世にあっては、それ以上のことは到底なしえない。それに哲学を擁護する人につつしみがあるなら、そんなことを成し遂げたとは誰も主張しないはずである。

第15章　哲学の価値

これまで、簡単かつ不十分ながら、さまざまな哲学的問題をひととおり見てきた。しかしそれももう終わりである。哲学にどういう価値があるのか、なぜ哲学を学ばなければならないのかを考えて結びとしよう。科学や実際的な問題の影響により、多くの人が「哲学が何をするのだとしても、それは無害とはいえ、ただの骨折りではないか。ささいな違いにこだわり、どんなことを知りえないかという問題に関して議論しあっているだけではないか」と思いがちなことを見るなら、哲学の価値を問う必要性は高まる。

哲学に対するこうした見方は、一つには人生の目的に対する間違った考え方から、一つには哲学がどのような善を追求しているかを誤解することから生じるようにみえる。自然科学であれば、さまざまな発明を通じて科学をまったく知らない無数の人々の役に立つ。だからそれらの科学の研究が人に勧められるのも、研究者自身に与える影響のためだけではない。あるいはそれが主たる理由なのではなく、人類全体への影響のためだ。哲学がこんな風に役に立つことはない。哲学を学んでいない人にとって何か価値があるとしても、それは学んだ人の人生への影響を通じた、間接的なものであるのは間違いない。だから哲学に価値をどこかに求めるのなら、まずはそれが人生に与える影響に目を向けるべきである。

また、物質的な必要性しか認めず、体に食べ物を与えなければならないことは分かっていても、心にも同じことが必要だと理解しない人は、しばしば「現実的な人」と――間違って――呼ばれているが、哲学の価値を見つけそこなわないためには、そうした人の持つ偏見から心を自由にしなければならない。誰もが満たされて、貧困や病気がこれ以上ないほど少なくなったとしても、よい社会にするためになすべきことはまだまだたくさん残っているだろう。今のこの世界においてすら、心に対する善は、身体に対する善と少なくとも同程度には重要である。こういう心に対するさまざまな善の中にのみ、哲学の価値は見出される。また「哲学を学ぶことは時間の無駄ではない」ということに納得できるのも、そのような善に対して関心が持てる人だけだ。

他のあらゆる学問と同様、哲学も知識の獲得を第一の目的とする。哲学は、一連の科学を統一し体系化する知識を求め、私たちが持っている確信、偏見、信念の根拠を批判することで、そうした知識を得ることを目指している。しかし哲学が自分の問いに明確に答えようとして、大いに成功してきたとはとても言えない。数学や鉱物学、歴史学やその他の学問の研究者に、「あなたの研究している学問が今までにつきとめてきた真理にはどのようなものがあるか」と聞けば、こちらが聞く気を失うまで答えは続くだろう。しかし同じ質問を哲学者にすれば、もしその人が正直なら「私のしている学問は、科学が達成してきたような積極的な結果を何も成し遂げなかった」と告白するだろう。このことは次の事実によって部分的に説明される。それはどんな主題についてであれ、知識だと確定した成果が得られるようになると、とたんにそれは「哲学」とは呼ばれなくなり、独立した一個別科学になる、という事実である。たとえば天体についての全研究はいまでは天文学に属するが、かつては哲学に含まれていた。ニュートンの偉大な著作は、「自然哲学の数学的諸原理」と題されていたのである。同様に人間の心の研究は哲学の一部だったが、いまや哲学から独立し、心理学という科学になっている。だから哲学が不確定なものに思われるとしても、それはかなりのところそう見えるだけであって、的を射たものではない。すでにはっきりと答えられるようになった問題の居場所は科学の中にあり、いまのところまだそうなっていない残りの問題だけが、「哲学」と呼ばれているのである。

しかし以上のことが哲学の不確定さを説明しているとしても、それは事実の一部でしかない。知的能力が現在とはまったく異なるレベルに到達しないかぎり、人間には解決できないと認めざるをえない問題は、数多く存在するのである。そしてそうした問題のなかには、私たちの精神生活にとって最も深い関心を呼ぶものが含まれている。宇宙のあり方を決める一貫した計画や目的があるのか、それともただ原子が偶然集まっただけなのか。意識はいつまでも宇宙の一部でありつづけ、それゆえどこまでも知恵をはぐくんでいくという希望を持ってよいのか、それとも、いつかは生命が存在できなくなるはずの小さな惑星上に、たまたま生じたはかない存在に過ぎないのか。善悪は宇宙にとっても重要なのか、それとも人間にとってだけなのか。哲学者たちは、こうした問題に対してさまざまな答えを与えてきたが、これらの問題が解答可能かどうかはさておき、哲学者たちが与えてきた答えは、その正しさを論証できないものだったと思われる。しかし答えを見出す見込みがどんなに少なくとも、以上の問いに取り組みつづけること、その大切さを私たちに気づかせること、そしてその問いに対する取り組み方をもれなく検討することは哲学の仕事の一部なのである。そして、はっきり確かめられる知識にしか目を向けないことによって圧殺されがちな、宇宙に対する思索的な関心を生かしつづけることも。

確かに多くの哲学者が、以上のような根本的な問題に対して特定の解答が正しいことを立証できると信じ、最も重要な宗教的信念の正しさが厳密に論証されうると想定している。こうした試みが正当かどうかを判定するには、人間が有する知識を調べ、その方法と限界に関して意見を持つ必要がある。こういう話題について独断的に判断するのは愚かしいことだろう。しかし、この本でのこれまでの研究が私たちを間違った方向へ導いたのではなかったとすれば、宗教的信念に対する哲学的証明を発見しようという希望は捨てるべきである。だから以上のような問いに対する一連の解答を、哲学の価値に含めるわけにはいかない。こうして、やはりそうした問題を研究する者が獲得したとする、はっきり確かめられる知識だと想定されているものに、哲学の価値をゆだねてはならないのである。

それどころか、哲学の価値は主にその不確定さそのものに求めるべきなのである。世代や地方ごとの習慣的信念や常識から、そして心に浮かんだことを慎重に考えて同意するのではなく鵜呑みにすることから、さまざまな偏見が生まれる。哲学的素養がまったくない人は、一生をこうした偏見にとらわれて過ごす。こういう人にとっては、世界は明確で、有限で分かりきったものになりがちだ。日常の対象に何の問題も見て取らず、なじみのない可能性を軽蔑的に拒絶する。それに対して、はじめの何章かで見たように、哲学をはじめるやいなや、私たちは最もありふれたものによってすら、はなはだ不十分にしか答えられないような問題へと導かれる。それらが引き起こした疑いに対して、哲学は――正しい答えを確実に知らせられないとしても――多くの可能性を指摘できる。そうして私たちの思考を広げ、習慣の抑圧から解き放つのである。それゆえ哲学は、「どんなものが存在するか」に関しては確信の度合いを減らしてしまうが、「どんなものが存在しうるか」に関する知識を著しく増大させる。開放的な懐疑の国に旅したことがない人から尊大な独善性を取り除き、見慣れたものにも見慣れない側面があることを示すことで、私たちの驚異の念を生き生きと保つのである。

哲学は思いもよらない可能性を示すのに役立つだけではない。もう一つ、おそらく最も重要な価値がある。それは、哲学的観想の対象が持つ偉大さと、個人的な狭い目的から観想によって自由になることを通じて得られる。本能的な人は自分の個人的利害が及ぶ範囲に閉じこもって生活をしている。家族や友人たちには配慮しても、それ以外の人については、彼が本能的に望ましいと思う人たちによかれあしかれ関わってこないかぎり気にも留めない。そうした生活には、哲学的生活の落ち着きや自由さとは対照的に、熱狂的で狭苦しいところがある。本能的利害関心という小さな個人的な世界は、大きく荒々しい世界に取り囲まれており、遅かれ早かれ荒廃させられてしまう。自分の関心を外の世界全体にまで広げないかぎり、私たちは——敵に取りかこまれているので要塞から逃げ出せず、最後には降伏しなければならないことを知りつつも——立てこもっている兵士のようなものだ。そんな生活には平和はなく、欲求による強制と意志の無力との間でもまれつづけることになる。われわれの生活が偉大で、自由であるべきなら、何らかの仕方でこのような牢獄、争いから抜け出さなければならない。

そのための一つの方法が哲学的観想である。哲学的観想がその見渡す範囲を最大限に広げるとき、宇宙は敵対する二つの陣営——敵と味方、援けてくれる者と邪魔をする者、よいものと悪いもの——に分けられることなく、全体が公平に見渡される。哲学的観想が純粋なものであるならば、それは人間と宇宙とが種として同じであるということを証明しようとしたりしない。知識を得ることはつねに一種の自我の拡張だが、それが最大限に達成されるのは、直截に拡張しようとしないときである。知識欲だけが活動しているとき、あらかじめ「対象はこの特徴を持っているにちがいない」と判断せずに、対象のうちに発見された特徴に自我を寄り添わせていくように研究を進めることによって、自我の拡張は成し遂げられるのだ。自我をあるがままにしておき、そういう自我とは異質のものを認めることなく知られるほど世界は自我に似ているのだとするとき、自我は拡張されない。そんなことを証明したいという思いは一種の自己顕示欲である。その思いは、他のあらゆる自己顕示欲と同様に、自我の成長を——自我はそれを望み、またそれが可能であることを知っているのだが——妨げる。他の場合と同じく、哲学的に省察するときにも、自己顕示欲は世界を自分の目的達成の手段として見る。つまり世界を自我よりも安く見積もり、世界にあるよきものの上限を自我が決めることになる。それに対して観想するときには、私たちは自我ならざるものから出発し、その偉大さを通じて自我の限界を押し広げる。つまり宇宙の無限を通じて、それを観想する自我は、無限の一部を共有することに成功するのだ。

宇宙を人に似たものとする哲学(45)が魂に偉大さをもたらさないのは、以上の理由による。知識は自我と自我ならざるものとが統一される一つのあり方だが、ほかのすべての統一関係と同様、一方が他方を支配するとうまく行かなくなる。それゆえ私たちが自分の中に見出したものに宇宙を従わせようとすると、知識は損なわれてしまうのである。近年、「人間は万物の尺度であり、真理は人が作り出したものである。そして空間も時間も、そして普遍の世界も精神の性質であり、仮に精神が作り出したのではないものがあったとしても、それは私たちには認識不可能であり、どうでもいいものなのだ」という見解を持つ哲学的傾向が広まっている。これまでの議論が正しいとすれば、こんな見解は間違っている。しかしそれだけではない。正しくないばかりか、哲学的観想から価値ある部分のすべてを奪ってしまうものである。なぜなら、それは観想を自我に縛りつけるからである。この見解が「知識」と呼んでいるのは自我ならざるものとの統一ではなく、偏見・習慣・欲望を合わせたものであり、それにより私たちと世界との間に乗り越えがたい壁が作られてしまう。こんな知識論に喜びを見出すのは、自分の言葉が絶対の力を失うのを恐れるあまり、家族や友人たちからけっして離れようとしないようなものだ。

これに対して真の哲学的観想は、自我ならざるものが拡大するときにつねに満足を覚える。観想の対象を力強いものとし、そうして観想の主体をも強めるものすべてに喜びを見出す。個人的、主観的なもの、習慣や自己利益、欲望に基づくものはどれも、観想の際にはその対象をゆがめ、知性が求める統一を損なう。以上のような個人的・私的なものは、主観と対象との間に壁を作り、知性にとっての牢獄となる。知性は、それが自由ならば、神がするようにして世界を見るだろう。ここもいまもなく、希望も恐れもない。習慣化した信念や受け継がれてきた偏見にとらわれず、冷静かつ公平に知識——人間にとって可能なかぎり非個人的で、純粋に観想的な知識——を得ようという思いのもと、世界を見るだろう。ここでもまた、自由な知性は抽象的で普遍的な知識のほうを、感覚を通じてもたらされた知識よりも重んじるだろう。なぜなら前者には自分の人生にたまたま生じた出来事が何も関わってこないのに、一方後者はといえば、排他的で個人的な立場や、対象を明らかにするのと同じくらいゆがめてしまいもする感覚器官に、どうしても左右されてしまうからである。

哲学的観想の自由と公平さを身につけた心は、それと同じ自由と公平さを、行為と感情の世界でもある程度持ち続け、自分の目的と欲望を全体の一部として見るだろう。そしてその際、自分の目的や欲望は世界の無限に小さな断片であり、自分が何をしようとも、それら断片を除いて世界には何の変わりもないことを理解する。それゆえ、自分の意見に固執することもない。公平さは観想においては純粋な真理への欲求となるが、それは行為における正義、感情においては愛――有用で賞賛されるべき人だけではない、万人に対する普遍的な愛――とまさに同じ心的性質である。それゆえ、観想は私たちの思考の対象だけでなく、行為や愛情の対象をも広げるのである。私たちはもはや、城に立てこもり外界のすべてと戦う兵士に過ぎないのではなく、宇宙の住人となる。宇宙に住んでいるということにこそ、人間の真の自由、そして狭隘な希望や恐れへの隷属状態からの解放があるのだ。

それゆえ、哲学の価値に関する議論を次のようにまとめてよいだろう。問いに対して明確な解答を得るために哲学を学ぶのではない。なぜなら、明確な解答は概して、それが正しいということを知りえないようなものだからである。むしろ問いそのものを目的として哲学を学ぶのである。なぜならそれらの問いは、「何がありうるか」に関する考えをおしひろげ、知的想像力を豊かにし、多面的な考察から心を閉ざしてしまう独断的な確信を減らすからだ。そして何より、哲学が観想する宇宙の偉大さを通じて、心もまた偉大になり、心にとって最もよいものである宇宙と一つになれるからである。

ドイツ語版への序文〔原註1〕

この本を書いたのは一九一一年のことだが、しかしその後、ここで論じている主題のいくつかについて、私の見解には重要な発展があった。その発展の大半は、友人のホワイトヘッドと私が『プリンキピア・マテマティカ』で用いた原理を利用することにより生じたものである。その著作でわれわれは、「集合や数などの対象は論理的構成物にすぎない」という見解の根拠を提示した。つまり集合や数に対する記号は、それ自体としてはまったく何の対象も表示せず、その記号を用いるための規則があるにすぎない。そしてそれらの記号を含む言明の意味を定義することは可能だが、しかしその言明の意味することは、それらの記号に対応する要素をまったく含んでいないのである。このようにして、われわれは「オッカムのかみそり」と呼ばれる原理——この原理によれば、必要もないのに存在するものの数を増やしてはならない——が適用される新しい事例を手にすることになった。

私はホワイトヘッドによって、物質の概念がこの手の余計な論理的虚構に過ぎないことを確信させられた。すなわち一片の物質は、空間―時間連続体のさまざまな位置にある出来事が、互いに結合されてできる一つのシステムとして扱うことができるのである。実際にこのように扱うにはさまざまな方法があるが、現段階では、そのうちのどれにするかを決定するのは非常に困難である。ホワイトヘッドは『自然認識の諸原理』（*An Enquiry Concerning the Principles of Natural Knowledge*, 1919〔藤川吉美訳、松籟社、一九八一〕）と『自然の概念』（*The Concept of Nature*, 1919〔藤川吉美訳、松籟社、一九八二〕）において、ある方法を採用した。私は『外部世界についてのわれわれの知識』で別の方法に従った(46)。これらの発表された著作に従うなら、本書の第1、2章で物質について述べたことは、思ったほど大幅にではないとしても、改めなければならない(47)。

その同じ方法と原理により、私の見解は別の点でも変化した。『哲学入門』の知識の議論では、私は主体の存在を受け入れ、面識を主体と対象との関係として扱った。いまでは、主体もまた論理的構成物だと見なしている。その結果、感覚とセンスデータを区別することは、断念しなければならない。そしてこの問題に関しては、私はいまでは、ウィリアム・ジェイムズ(48)とアメリカの新実在論学派(49)の人々に同意する。結果として、私は知識の理論を改めなければならなくなった(50)が、それは『心の分析』（*The Analysis of Mind*, 1921

〔竹尾治一郎訳、勁草書房、一九九三〕で行った。

『哲学入門』を書いていたときには、一般相対性理論はまだ知られておらず、しかも私は、特殊相対性理論の重要性をいまだ十分に認識していなかった。(51) 相対性理論を考慮していたら、いくつかの表現について、別の表現を選ばなければならなかっただろう〔原註2〕。しかしこの本で扱っている問題の大半は相対性理論とはまったく独立であり、概して、それから決定的な影響を受けるものではない。

いまもし私が本書を書くとしたら、特定の倫理的言明をアプリオリなものとして扱おうとは思わないにちがいない。また後に出版されたケインズの『確率論』が利用できていれば、帰納についてもっと多くのことが言えたにちがいない。

これらの変更点を本文に組み込むのは不可能だと思う。なぜなら、これまで述べてきた見解は論理計算に完全に依存しているので、一般に理解してもらえるように提示するのはほとんど不可能だからである。またそれらの見解そのものを説明するよりは、本書で示した理論からの変化としたほうが、理解しやすくもある。そこでこの本は一九一一年に書いたままにしておき、さらなる研究への案内となる注意書きを付すことで、本書の不完全さを明らかにすることにしたい。

一九二四年十一月

原註1　エアランゲンのパウル・ヘルツ書店から一九二六年に出版された翻訳に対する序文である。この序文に英文による元原稿は見当たらず、もし作られていたのだとしても散逸してしまった。ここに掲載したのは、『ラッセル』（バートランド・ラッセル文庫の雑誌）の第十七号（一九七五年四月、二七―二九ページ）に発表された、イブラヒム・ネイジャーとヘザー・カーコネルによる英訳に基づき、本書に収めるにあたってJ・O・アームソンによってすこし手が加えられた翻訳である。

原註2　一九六六年九月二十日付けの、オックスフォード大学出版局の編集者あてに出された手紙で、本書の装丁に関する質問に答え、ラッセルは次のように書いている。「この本にもっともふさわしい表紙は、「ああ、アインシュタインなんて読むんじゃなかった」と叫びながら、崖から墜落している猿の絵だと思われます。」さらに追伸として、「けっしてその猿を、私に似せて描いてはなりません」と加えている。

参考文献

哲学について初歩的知識を得たいと思う人は、手軽な本から全体的な知見を得ようとするよりも、偉大な哲学者の著作を読むほうが、より簡単に有益な知識が得られることに気づくだろう。とりわけ次のものは推薦できる。

プラトン『国家』（*Republic*〔藤澤令夫訳、岩波文庫、一九七九〕）とくに第六、七巻
デカルト『省察』（*Meditations*〔井上、森訳、中公クラシックス、二〇〇二〕）
スピノザ『エチカ』（*Ethics*〔畠中尚志訳、岩波文庫、一九五一〕）
ライプニッツ『モナドロジー』（*The Monadology*〔清水、竹田訳、中公クラシックス、二〇〇五〕）
バークリ『ハイラスとフィロナウスの三つの対話』（*Three Dialogues between Hylas and Philonous*）
ヒューム『人間知性研究』（*Enquiry concerning Human Understanding*〔斎藤、一ノ瀬訳、法政大学出版局、二〇〇四〕）
カント『プロレゴーメナ』（*Prolegomena to any Future Metaphysic*〔土岐、観山訳、中公クラシックス、二〇〇五〕）

訳註

前書き

（1）G・E・ムーア（一八七三―一九五八）は、フレーゲ、ラッセル、ウィトゲンシュタインと並んで、現代分析哲学の形成に大きな影響を持ったイギリスの哲学者である。ラッセルの年少の友人であるが、一九〇〇年から本書を執筆したころのラッセルをむしろリードし、普遍やセンスデータの存在など、さまざまな主張をこの時期のラッセルと共有していた。未刊行の著作といわれているのは、彼が一九一〇年から十一年にかけて行った連続講義の草稿のことで、一九五三年に『哲学の主要問題』（*Some main problems of philosophy*）のタイトルで刊行された。同書のムーアによる前書きによれば、その第1章から10章までがラッセルが参照した部分である。

（2）J・M・ケインズ（一八八三―一九四六）は『雇用・利子および貨幣の一般理論』（*The General Theory of Employment*, 1936〔塩谷祐一訳、東洋経済新報社、一九九五〕）で有名なイギリスの経済学者である。ラッセルが参照したのは、ドイツ語版への序文にも見られるとおり、彼の『確率論』（*A Treatise of Probability*）である。これは一九〇七年にフェロー申請論文として書きはじめられ、一九一四年に完成をみたが、一九二一年になってようやく刊行された。

（3）G・マレー（一八六六―一九五七）は古典学の研究者で、著書に『ギリシア宗教発展の五段階』（*Five Stages of Greek Religion*, 1925〔藤田健治訳、岩波文庫、一九七一〕）などがある。

(4)「センスデータ sense-data」は「感覚に与えられたもの」をラテン語で言い表わした言葉である。これは複数形であり、単数形では sense-datum である。「感覚与件」と訳されることが多い。

(5)「存在」の原語である existence は、特定の空間および時間領域、あるいは少なくとも時間領域の中にあることを意味する。物的対象やセンスデータは時間のみならず空間中にあり、人が抱く信念は、少なくとも時間中にはあるので、この意味で存在する。ラッセルはこれとは別に、特定の空間や時間の領域にはないが、しかしそれでも「ある」といえるような存在性格——ラッセルはこれを being あるいは subsistence と呼ぶ——を持つものとして、「普遍 universal」を認めている。exist するものは being するものでもあるが、逆は成立しない。本来なら、普遍が持つ being という性格を「存在」とし、existence は「現実存在」とでもするべきかもしれないが、使用頻度と日本語としての自然さを考慮し、前者を「有」、後者を「存在」とした。

(6)「本性 nature」とは、あるものの性質のうち、それが本質的に持つといえる性質のこと。たとえば水にとって、H_2O という分子構造を持つことはその本性に属するが、液状であるという性質はそうではない。

(7)「宇宙内の心すべて」は、一九世紀末から二〇世紀初頭まで、イギリスの哲学界を席巻していた、「新ヘーゲル主義」の世界観のことを指していると思われる。新ヘーゲル主義は、もちろんヘーゲルに影響を受けた観念論的な哲学的運動で、F・H・ブラッドリー（第9章註（29）を参照）やJ・M・E・マクタガート（一八六六—一九二五。ラッセルの教師の一人）などが代表的な論者である。この世界観（とりわけブラッドリーのもの）を具体的に解説し批判しているのが、本書の第14章である。そこで見られるように、この立場によれば、実在するのは精神的な唯一の全体（The Whole や The Absolute などと呼ばれる）であり、物体は実はその断片、属性に他ならず、自立的な物的存在ではない。つまり存在するものはすべて心的な属性であり、それらをすべて集めた単一の存在者がその担い手なのである。

（8）ライプニッツは、世界はモナドからなると考えていた。モナドとは世界を構成する究極的な要素のことであり、「単子」と訳されることもある。それ以上細かく分割できないという点では、伝統的な「原子」の概念と類似するが、空間的な広がりを持たず、心的であるという点で異なる。心的であるゆえに、次の二つの特徴を持つとされる。①モナドが相互に影響を与え合うということはなく、その変化はつねに、各モナドの内的原理に基づく。②各モナドは、他のすべてのモナドの状態を自らのうちに映し出している。つまり世界を表象する能力を持つ。

しかしこの表象能力にはレベルの差がある。たとえば感覚は概念的思考よりも混乱した仕方で世界を表象している（もちろん、思考もまた、世界を完全な仕方で表象しているわけではない）。生物の感覚ですらそうなのだから、無生物を構成しうるモナドはなおさらであるが、しかしそれでも世界を表象していることは確かである。ラッセルが「多少は未発達なところのある」と言っているのは、この表象能力の持つ限界のことを意味していると思われる。

第2章

（9）「内在的本性 intrinsic nature」は、「本性」とほぼ同じことを意味している。しかしその性質が、それを持つものがほかのいかなるものと関係しなかったとしても、そのものに属しているという含みを表現するために「内在的」と言われている。本性 nature と関連しない文脈では、intrinsic を「それ自体として」と訳した。

(10)「外界 outer world」とは「経験の外部」、すなわち世界のうち、経験されていない領域のことであり、身体の外部にあるという意味ではない。哲学用語としては 'external world' という表現のほうが一般的であり、ラッセルも本書でそれを随所で用いているが、特に区別をせず、どちらも「外界」と訳した。

第3章

(11) 当時の物理学の根本的な概念で、宇宙全体をあまねく満たすと考えられた素材のこと。光の波動的性質や万有引力の伝播を説明するものと考えられていた。

(12) 'acquaintance' は、日常用語としては、何らかのものを実際に見たり聞いたり、会ったりしたことがあることを意味する表現であるが、本書ではもう少し抽象的に、「何かを直接的に意識していること」を意味している。第5章に明らかなように、ラッセルの認識論、意味論にとって最重要の概念である。「見知り」や「直知」と訳されることもある。

第4章

(13) 心の「中」にあるという含みを取り除きつつ、何かが直接意識されているということを言うために、「前」と言いかえている。

(14) 原文では 'thing' である。これまでの章で thing として取り上げられてきたのは、ほとんどの場合センスデータか物的対象であり、「物」と訳しても問題はない。しかしラッセルが thing と呼ぶものには自我や、経験のような心的存在、さらには普遍も含まれる（これらについての面識による知識も、「ものの知識」とされる）。そこで、センスデータか物的対象だけが念頭に置かれている場合は「物」、そうでない場合は「もの」と訳すことにする。

第5章

(15) 普遍は exist しない、つまり特定の時間、空間領域内にはないということ。しかしそれでも「有る have being」。第9章参照。

(16) 'the so-and-so' は、'so-and-so' の部分で規定されている対象がただ一つしかない場合に、その対象を指すために用いられる。'a so-and-so' は、同じ部分で規定されている対象が複数ある場合に、そのうちのどれであるかを特定することなく、そのうちの一つについて語るために用いられる。日本語にもこれらに対応する言語行為は存在すると思われる。しかしそのような言語行為がなされていることの指標となる、英語の 'the' や 'a' に対応する表現が存在するかどうかは、日本語に形式的体系を与える上での問題の一つであり、はっきりと答えることができない。そのため、記述内容を一応訳出した上で、原語を併記することにする。

(17) 一九一三年に書かれた『知識の理論』(*Theory of Knowledge : The 1913 manuscript.* E. R. Eames and K. Blackwell (eds.) London ; George Allen and Unwin, 1984.) での時間経験の議論に基づくかぎり、ここでラッセルが言おうとしているのは、おそらく次のようなことだと思われる。経験から独立に存在する、各時点からなる一次元の系列が時間なのだとすると、日時については二通りの語り方がある。一つは

「二〇〇五年四月一日午前〇時三〇分」のように、日付や時刻を用いるもの。もう一つは「昨日」、「今日」、「明日」や「過去」、「現在」、「未来」、「今から三時間後」のような、時間的前後関係を利用した語り方である。いつが発話の時点であるかにかかわらず、「二〇〇五年四月一日」は二〇〇五年四月一日を指示する。つまり前者の語り方では、特定の時点に対してそれらについて他の日や時刻を引き合いに出すことなく、いわばピンポイントで語ることができ、それゆえ日時に対する一種の名前と見なしてよい(「二〇〇五」や「四月一日」は他の年や日の存在を前提にしていると言われるかもしれない。しかしそれは暦という形で日時を整理するための記号法上の工夫であり、必ずしもそうしなければならないというわけではない)。後者の語り方は、たとえば「昨日」が「今日の一日前」を意味し「明日」が「今日の一日あと」を意味するように、「今日」や「今」を出発点として時間的前後関係を利用する。それゆえ「今」や「今日」を要素として含む一種の記述なのである。

さらにラッセルは、センスデータを感覚するという意味での「現前 present」を原始的な概念として「現在 present」や「今」を定義する。すなわち「今」は「これ(感覚されているセンスデータを指す)と同時」という記述と見なされることになる。結局「過去」、「現在」、「未来」、「昨日」、「今日」、「明日」などの語り方は感覚されているセンスデータを元にして作られた記述なのである。

(18) これまで「命題 proposition」という語は、もっぱら文のことを意味していた。しかしこの語は多義的であり、文の意味を指すためにも用いられる。ラッセルもまたこの語を多義的に用いており、この段落では文の意味について語っている。ラッセルにとっては、むしろ意味を指す用法のほうが「命題」の本来の使用法であり、文を指す場合のほうが派生的な用法である。

ここで、ラッセルにとって「命題」とは何かを説明し、文と命題をはっきりと区別しておこう。文とは表現であり（表現のタイプとその具体的な使用例という区別を無視して大雑把に言えば）文字や音声によって構成される、一連の文字や音声であると言える。一方命題とは、文の意味する内容である。文の意味内容とは何かという問題は言語哲学上の大問題であり、決定的な解答は存在しないが、ラッセルの考えははっきりしている。それは、文の要素となる語が意味している、さまざまなものから構成された複合的なものである。表現のレベルを示すために「　」および'　'を、意味のレベルを示すために〈　〉を用いることにしよう。たとえば「ラッセル」や'Russell'で、日本語や英語の表現を指し、〈ラッセル〉でラッセルという人間自身のことを指すとしよう。すると、「ラッセルは人間である」と'Russell is a man'は異なる文である。しかしこれらは同じ意味であるから、同じ〈ラッセルは人間である〉という複合的なものを意味するわけである。つまり、語に対しても文に対しても、それらは世界内のものを意味するという実在論的な意味論がとられ、語から文への構成と、ものから命題への構成の間には平行性があるとされていた。

ただし以上は一九〇三年の『数学の諸原理』等でとられた立場であり、第12章の内容から明らかなように、本書でのラッセルは、命題という複合的なものの存在を認めていない。したがって、あたかも命題なるものがあるかのようになされている記述は、説明を簡単にするための便宜と考えなければならない。

(19)「命題」に対応して、「記述」にも多義性が生じている。すなわち「記述」という語は、文の要素である表現を指す場合と、その表現が意味する複合的なものを指す場合があり、ここでは後者の仕方で用いられている。つまり「三月十五日」や「ローマ帝国」といった表現ではなく、〈三月十五日〉という特定の日そのものや〈ローマ帝国〉という特定の国そのものを要素とする、複合的なもののことを意味している。だが、この記述という複合的なものも、実は存在しない。この点でも命題と同様なのだが、その理由は異なる。実は記述という表現は、論理的に正確な言語には表現単位としては含まれず、述語表現を組み合わせたものを省略してあらわす表記法にすぎない。したがって記述に対して意味を割り当てる必要がないため、記述の意味となる複合的なものも存在する必要性を認められない。それを明らかにしたのが有名な「記述理論」である（記述理論については一九〇五年の「表示について」'On Denoting'［邦訳は清水義夫氏によるものが、「指示について」の題で、『現代哲学基本論文集I』、勁草書房、一九八六に収められている］、一九二〇年の『数理哲学入門』（*Introduction to Mathematical Philosophy*［『数理哲学序説』、平野智治訳、岩波文庫、一九五四］）の第16章を参照していただきたい）。よって、記述された複合的なものがあるかのようなここでの論述もまた、説明を簡単にするための便宜と考えるべきである。

第6章

(20)「蓋然的である probable」とは、第13章で論じられているように、信念や判断が「絶対に正しいとも、絶対に間違っているとも言えない」状態にあることを指す。「ほとんど正しいと思われるが、わずかながらも間違っている可能性がある」という意味での「確からしい」信念から、「一見正しそうに思えるが、しかし間違っている見込みがかなり高い」という意味での「もっともらしい」信念まで含む、非常に適用範囲の広い概念である。名詞形 'probability'（「蓋然性」）は、数学的な文脈では「確率」と訳される。

第7章

(21)「自然の斉一性 the uniformity of nature」とは、自然における出来事の生じ方は一定・一様であるという事態を指す。

(22) J・ロック(一六三二―一七〇四)は「人間知性論」(*An Essay Concerning Human Understanding*〔大槻春彦訳、岩波文庫、一九七二〕)で、「観念」概念を主軸にした認識論を展開した。そこで用いた経験を内省し記述する方法や、生得観念の否定を通じてイギリス経験論の祖となった。また政治哲学では、「王権神授説」を批判し「社会契約説」を主張することで、イギリスにおける市民革命の理論的支柱となった。

(23) A・N・ホワイトヘッド(一八六一―一九四七)はイギリスの数学者、哲学者。数学の学生だったラッセルの教師の一人であり、後に『プリンキピア・マテマティカ』(*Principia Mathematica*, 3vols, 1910-13〔『プリンキピア・マテマティカ序論』岡本、加地、戸田山訳、哲学書房、一九八八〕)を共同で執筆する。はじめは数学者、科学者としての活動が主であったが、後に、とりわけ一九二四年にアメリカに渡ってからは哲学者としての活動が盛んになり、神学にも影響を与える特異な体系を構築した。主著としては、『過程と実在』(*Process and Reality*, 1927-28〔山本誠作訳、松籟社、一九八四〕)。

第8章

(24)「命題」に対応して、「主語 subject」や「述語 predicate」にも多義性がある。すなわち、文の中で特定の機能を果たす表現を指す場合と、その表現の意味を指す場合があり、この段落では後者の用法で用いられている。後者の用法から、「主体 subject」や「実体 substance」などの形而上学的概念が形成される。

(25) デカルトのコギトに対する批判として、カントの自我論を解説しよう。デカルトの「われ思うゆえにわれあり」に対して、「われ歩くゆえにわれあり」も可能なのではないか、という批判が寄せられた。これに対しデカルトは必然的妥当性を持ちうるためには「われ歩く」ではなく「われ歩くとわれ思う」

でなければならないと応答した。つまりデカルトのコギトとは、任意の思考・経験内容に付すことのできる「われ思う」の主体である。カントも、任意の思考・経験内容に「われ思う」を付すことができることには同意する。しかしカントは、それは判断の形式にすぎず、そこから何らかの対象の存在を導き出すのは誤りだとし、デカルトを批判した。自我が実在するとしても、それは物自体と同様に経験を超越したものであって、経験の対象にはならないとされた。

(26) カントにとってカテゴリーとは、現象が経験の対象になるために従わなければならない概念的な形式のこと。カントは十二のカテゴリーを挙げているが、因果もまたそこに含まれている。つまり現象が経験の対象となるかぎり、その対象は必然的に原因を持つことになり、因果性の判断が総合的でありつつもアプリオリであることが説明される。

第9章

(27) プラトン（前四二八／四二七―前三四八／三四七）は古代ギリシアの哲学者。ソクラテスに導かれ、問答を通じて真であり善なるものとしての、知を愛し求める営みとしての哲学の姿を明らかにした。その著作は「対話篇」と呼ばれ、戯曲の形式をとるが、その大半がソクラテスを主人公とするものである。本書を執筆した頃、ラッセルはプラトンの著作を集中的に読んでいた。

(28) B・スピノザ（一六三二―七七）はオランダの哲学者。主著『エチカ』では幾何学的方法を用いて形而上学的見解を提示した。『エチカ』はラッセルの愛読書の一つであり、その汎神論的・一元論的世界観に対しては否定的であったが、論理的一貫性と論理的見解は支持し、人物としてのスピノザを終生尊敬していた。

(29) F・H・ブラッドリー（一八四六―一九二四）はイギリスの観念論者、ヘーゲル主義者であり、論理学と形而上学、倫理学に関して一九世紀末のイギリスで流行した。ラッセルの最大の論敵であり、その世界観の解説とラッセルによる批判が、本書の第14章となっている。しかし論敵といっても、彼らは終生お互いの能力を高く評価しあっていたと思われ、また全称命題を仮言命題として分析することなど、ラッセルに対して積極的な影響を与えてもいる。

第10章

(30) 集合を特定するには、その要素となっている物をひとつひとつ取り上げていく方法と、その集合の要素だけに成り立つ性質を指定する方法がある。ここではその二通りの方法で、集合の間の包含関係を述べている。たとえば、集合Aを人間の集まりとし、集合Bを動物の集まりとすれば、AはBに含まれる（Bには、犬の集合や猫の集合も含まれる）。このとき、「すべての人間は動物である」という事態は、「人間の集合に属するすべての個物は、動物の集合にも属する」とも、「人間であるという性質を持つすべての個物は、動物であるという性質を持つ」とも言える。

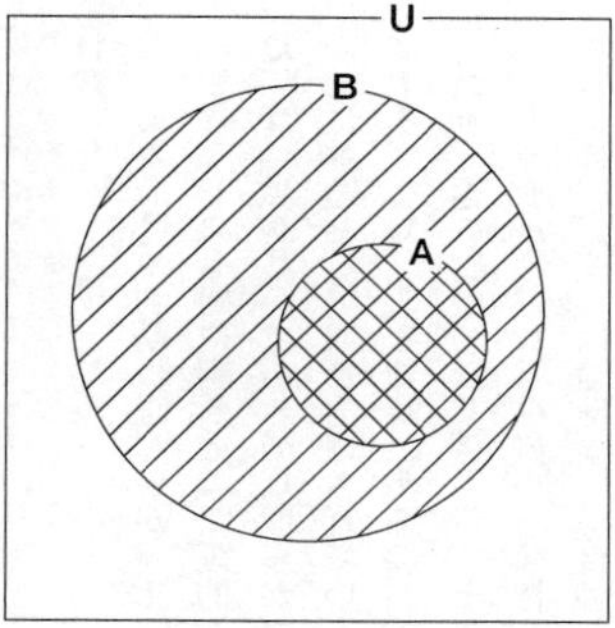

(31) 原文では「積が百以下」となっている。日本とは違い、「10×10＝100」までの表なのである。

(32) ある命題や判断の正しさが、その命題を信じたり判断を下したりする主観に対してある程度明らかなとき、その命題や判断は「明証的 evident」であると言われる。つまり「しかじかであるのは明証的だ」は「しかじかであるのは明らかだ」を意味する。このように平明に訳したところもあるが、本章のように主題として取り上げられている場合には「明証的である」や「明証性」という訳語を用いることにする。なお、ある判断の明証性がそれ自身の正しさを示すとき、それは「自明性 self-evidence」と言われ、他の判断の正しさを示すときには、その判断の「証拠 evidence」になっていると言える。

(33) ラッセルは、数学の持つ必然性を説明するため、数学を論理学に還元しようとした。現在の区分から言えば、正確には論理学と集合論への還元にあたるが、ラッセルは集合論において、集合という外延的な存在者を認めず、命題関数という内包的存在者を根本的概念とした（命題関数は、本書での普遍に相当すると考えておけばよい）。これにより、数や集合という存在者を認めず、個体と命題関数、そして命題だけを存在者として認めることにより、数学に解釈が与えられることになる。また論理学と集合論の公理さえ認めれば、数学の公理や定理をそこから演繹することができる。こうした試みは「論理主義 logicism」と呼ばれ、D・ヒルベルトの「形式主義」、ブラウアーの「直観主義」と並んで、二〇世紀初頭の数学の哲学の代表的な立場の一つであった。

(34) 「真理 truth」という語も、ラッセルは多義的に用いる。事実と対応することによって真となる判断（もしくはその内容である命題）を指す場合と、判断を真にする事実を指す場合がある。前者の用法が多いが、ここでは後者の意味で用いられている。このような多義的な用法の背景には、「事実＝真なる命題」という、本書以前のラッセルの命題論がある。次章註（38）を参照。

（35）この二種類の判断がいかにしてまとまるのかという以前に、「これはある」という命題がそもそも可能なのかが問題である。というのも、ラッセルは自らが発見したパラドックスを解決するために「タイプ理論」を開発したのだが、それによれば「ある」や「存在する」は述語に対してのみ主張可能であり、「これ」などの名前に対しては無意味だとされているからである。『知識の理論』では次のように言われている。

実際に与えられているこれ——面識の対象——について、それが「存在する」と言うことは無意味である。しかしある瞬間に与えられた一つの対象に対する真の固有名として用いられた語が、まさにそれと同じ語が、次の瞬間には記述として用いられることもありうる。われわれが、「私の現在の注視の対象が存在する the object of my present attention exists」や「私が今指している対象が存在する the object I am pointing to exists」という意味で「これは存在する」と言うこともありうる。ここで「これ」という語は固有名として機能することをやめ、記述的な語となっている。その記述において、対象はそれが持つ性質によって記述されており、何ものにも対応しない記述が作られることも可能であるがゆえに、そうした対象が存在するかどうかという問いが立てられうるのである。（『知識の理論』第二部第四章、「信念、不信、疑い」一三八ページ）

以上のことがここで念頭に置かれているのだとすれば、第一の種類の知覚の真理が第二の種類のものに含められることで一つにまとまると言ってよいかもしれない。なぜなら第一の種類のものも、あるセンスデータについて、それが持つ性質を立てたうえで、それらを結合する判断だということになるからである。また知覚判断と注視との関係については、第十三章の註（42）も参照していただきたい。

第12章

(36)「虚偽と同種のものとしての真理」という言いまわしは、「事実としての真理ではなく、事実と対応することにより真となる信念のことだ」と言いたいのであろう。

(37)「斉合性 coherence」とは、命題や信念が互いに矛盾しないだけでなく、互いを支え合い、蓋然性を高めあっているということを意味する用語である。矛盾しないということは「整合性 consistency」と呼ばれる。この三つあとの段落では、ラッセルはあたかも斉合性と整合性を区別していないように思われるかもしれない。しかし次の章で「知識の基準」として斉合性が取り上げられる場面や、あるいは第2章末尾での本能的信念をめぐる議論などを見るかぎり、たんなる矛盾のなさではなく、信念が支え合うという事態が念頭に置かれているのは明らかである。それゆえ「斉合性」と訳すことにする。

(38) 本章で説明されるような理論を発案する以前には、ラッセルは文の意味としての命題が存在すると認めていた。語の意味を理解するとは、意味となっているものを面識することであるが、それと同様に、語から構成された文を理解することは、語の意味から構成された命題を面識することであるとされた。ここで、①面識という関係においては、面識する主体と面識される対象は、相互に独立した存在を持つこと、②文の中には、有意味ではあるが偽のものも存在すること、この二点を考えるなら、そこから「誰かによって考えられたり、表現されたりすることがなかったとしても、偽の文の意味となっている命題は存在している」ということが帰結する。

このような、表現されることに依存しない客観的な命題が存在し、それが真または偽という性質を持つことで、これまた客観的な論理的関係を互いに対して持ちあう。そして命題からなる世界のうち、真という性質を持つ部分が事実とされる。こうした、論理的コスモロジーとでも呼べるであろう世界観を、一九〇〇年ごろから一九〇三年ごろまでのラッセルは持っていた。つまりこれこそが、ラッセル哲学の事実上の出発点となった世界観であり、その際に身につけた言い回しなどが、この世界観を放棄した後でも頻繁に登場する。たとえば本書における「命題」や「真理」がそうである。

(39) ここで、ラッセルの判断論を図式的にまとめておこう。第5章、註(18)での表記に従い、関係〈R〉が、対象〈a〉と〈b〉を関係付けているとき、そうして構成される事実を〈R (a, b)〉と表記しよう。ここで( )は、関係が作用する範囲を表わしているだけで、独立して存在できる対等のまとまりを表わしていないが、〈 〉でくくられた部分は独立に存在することができる。「オセロ」、「デスデモナ」、「キャシオ」、「愛する」、「信じている」という表現が意味する対象や関係を、それぞれ〈o〉、〈d〉、〈c〉、〈L〉、〈B〉としよう。オセロが「デスデモナはキャシオを愛している」と信じているという事実は、どのような構造をしているのか。

前註で説明した以前のラッセルの理論によれば、それは次の事実αである。

〈B (o, 〈L (d, c)〉)〉……………α

つまり、〈o〉と〈L (a, b)〉という二つのものを〈B〉が関係付けているということになる。一方、本章で提示されている理論によれば、

〈B (o, L, d, c)〉………………β

となる(対象、関係のひとつひとつに〈 〉をつけるべきだが、式が煩雑になるので省略した)。

αは〈L (d, c)〉という、オセロが信じている内容となる命題という部分を持ち、これはαから独立して存在することができる。またオセロがもっと複雑なこと、たとえば「デスデモナはキャシオを、その若さゆえに愛している」と信じたとすれば、命題となっている部分の構造が複雑化するが、信じるという関係〈B〉は、オセロと命題の間の二項関係のままである。

一方βは、そうした命題という独立して存在可能な部分を持っていない。〈L (d, c)〉というものが仮にあったとしても、それはβの構成要素ではなく、その外部にあって、βを真にするような事実である。そしてオセロの信じることが複雑になればなるほど、関係〈B〉が関係付けるものの数も増える。そこでこの理論は、多項関係理論 (multiple relation theory) と呼ばれる。

(40)「屈折語 inflected language」とは、語形を変化することによって、文中におけるその語の機能(主語となっているのかなど)を明示する言語のこと。

(41)「複合物があるなら、その要素の一つは関係」といわれているが、「これは白い This is white」のような主語述語文によって表現される事実はどうなるのだろうか。実は、ラッセルは述語の意味する普遍も「関係」に含めているのである。

説明しよう。まずは当たり前のことだが、文は表現のリストとは異なる。「R」、「W」、「愛する」と表現をならべても、事実を表現することはないが、「RがWを愛する」という一つの文はそれを表現する。同様に、事実は、その事実の要素となるものを集めただけのものではない。〈RはWを愛する〉は一つの事実だが、〈R〉、〈W〉、〈愛する〉はものの集まりにすぎず、一つの事実ではない。

事実に備わっており、ただのものの集まりに欠けているのは、要素となるものが互いに関係付けられ、統一された一つのものになっているということである。何が事実に統一性をもたらすのかといえば、それは動詞が意味する普遍であると思われる。なぜなら、事実を表現するには語ではなく文でなければならないが、名詞や形容詞をいくら集めても、けっして文は構成されず、少なくとも一つ動詞が必要だからである。したがって事実が事実であるためには、動詞が意味するものが要素に含まれていなければならない。さらには「愛すること」のように名詞化されていてはならず、動詞として用いられていなければならない。ラッセルは動詞の意味するものを一般に関係と呼び、文において動詞が動詞として用いられているとき、その意味するものを「関係付ける関係」と呼んだ。つまり〈RはWを愛する〉という事実が統一性を持つのは、そこに含まれている関係〈愛する〉が、〈R〉と〈W〉を実際に関係付けているからなのである。

そして「これは白い」という主語述語文の場合、〈これ〉と〈白い〉という二つのものが何か別の関係によって関係付けられているのではなく、〈白い〉という述語の意味するもの自身が事実に統一性をもたらしているのだとラッセルは考えた。つまり述語の意味する普遍も、「関係付ける関係」として機能しているという意味で一種の関係だと見なされたのである。後に、ラッセルは述語の意味する普遍のことを、「一項関係 monadic relation」（ひとつの項しか持たない関係）と呼んでさえいる（たとえば一九一八年の「論理的原子論の哲学」'The Philosophy of Logical Atomism' の第二講義）。

第13章

(42)「真理を絶対的に保証するとしても……私たちに絶対的には確信させてくれない」とは、ほとんど矛盾した言明のように思われるかもしれない。この一文、そして前段落からこの段落にかけてラッセルが主張していることをどのように解釈すればよいだろうか。『プリンキピア・マテマティカ』序論第二章第三節における、次の文章をまずは読んでいただきたい。

ある対象が複合的であるとき、それは相互に関係し合う部分から構成されている。互いに対してRという関係に立つ、aとbという二つの部分から構成されている複合的な対象について考察しよう。「bに対してRという関係に立つa」という複合的対象は、知覚することができ、知覚されるときには、一つの対象として知覚される。それが複合的であることは、注視すること attention によって示され、そうして私たちはaとbがRという関係に立つことを判断する。注視するだけで知覚から生み出されるこうした判断は、「知覚判断」と呼んでよいだろう。この知覚判断を、実際に生じたものとして考えるなら、それはa、b、R、そして知覚者の四つの項からなる。これに対して知覚は、「bに対してRという関係に立つa」と知覚者という、二つの項からなる関係である。存在しないものが知覚の対象になることはありえないので、aがbに対してRという関係に立たないかぎり、「bに対してRという関係に立つa」が知覚されることはありえない。したがって上記の定義〔訳者註：本書に含まれているような、事実との対応による真理の定義〕に従うなら、知覚判断は間違いなく正しい。しかしこれは、「私たちが、自分には知覚判断であるようにみえる判断を下すとき、それは間違った判断ではないことを確信できる」ということを意味しない。なぜなら、「自分が下した判断は、知覚に与えられたものをただ分析するだけで得られたものだ」と間違って考えることがありうるからである。しかし判断が実際にそうして得られたのであれば、それは間違いなく正しい。実際、こうした判断について、その真理は「判断となっている概念的に分節化された思考 the discursive thought に対応する、複合的なものが存在する」という事実からなるものとして定義してよい。

ここに含まれている論点のうち、対象の複合性を理解するために必要な「注視すること」が、知覚された対象を解体し、一つの判断を構成してしまうことに注目していただきたい。自分の知覚している事実がどのような内容のものかを知ろうとするとき、われわれはその事実を注視しなければならない。それゆえ、われわれが自分の知覚内容として事実を取り出すとき、それは一つの対象としての事実そのものではなく、一つの判断になってしまうのではないだろうか。

したがって、『プリンキピア』での論点と『哲学入門』での論述を合わせれば、ラッセルの主張したいことは次のように敷衍できると思われる。

「判断が第一種の自明性を持っているのは、それが知覚を注視することで形成されたときのみである。そしてわれわれの感覚器官や概念能力が適切に機能しているなら、自分には知覚判断だと思えるほとんどの場合に、われわれは知覚判断を下しているのだろう。

しかし、ある判断が知覚を注視するだけで形成されたものであるかどうかを知ることはできない。また（意外に思われるかもしれないが）われわれはその判断と事実が対応しているかどうかを自分で確かめることができない。なぜなら、これらのことを確かめようとすれば、われわれは事実を注視し、そこから判断が形成される過程を意識しなければならない。しかしそのことはもはやわれわれに事実そのものを与えずに、知覚判断を与えてしまうからである。つまり知覚判断の形成過程はわれわれが自覚しようのないものなのであり、知覚を直接の原因として形成されたように自分には思えるすべての判断が、実際そうして形成されたとは限らないのである。

つまり判断の正しさを確めようとしても、それとつき合わせることができるのは判断だけであり、事実そのものではない。だから、自分の下した判断について、それが本当に知覚判断であるかどうか、実際に事実と対応するかどうかを、自分で判定することはできないのである。それゆえ自分が下した任意の判断について、それが絶対的な自明性を持っているかどうかを確信することは、（もし仮に、その判断が実際にそうした自明性を持っていたとしても）われわれには不可能なのである」。

第14章

(43) これまでたびたび註で述べてきたように、新ヘーゲル主義、特にブラッドリーの立場が検討されている。

(44) G・カントール（一八四五―一九一八）はドイツの数学者であり、古典的集合論を創りあげた人物である。

第15章

(45) ベルグソンや、ジェイムズをはじめとするプラグマティズムの見解が念頭に置かれている。一九一四年の『外部世界についてのわれわれの知識』（*Our Knowledge of External world*［邦訳は石本新訳、『世界の名著』第58巻、中央公論社、一九七一］）の第二講義を参照。

ドイツ語版への序文

(46) もっとも根本的なレベルに話を限るなら、両者の違いは経験される実在をどのように捉えるかという点にある。ラッセルは『外部世界についてのわれわれの知識』において、感覚される世界をセンスデータおよびセンシビリアという個物からなるものとし、物質はそれらの個物が物理法則によって記述される客観的関係によって結びついたものとした。つまり経験される実在を原子論的に捉えている。一方ホワイトヘッドにとっては、感覚される世界は連続的な流れであり、個物を単位とするようなものではない。そしてそこに時間的・空間的関係などが適用されることにより、出来事や知覚される対象、科学的対象といった個別的な存在を含む客観的な世界が切り出されることになる。

(47) 本書においては、センスデータとは別に、物質は経験されないものの存在するとされたが、『外部世界についてのわれわれの知識』では、センスデータと、センスデータと本性を同じくするが、経験されていないという点で異なるセンシビリアという存在者を認め、それらの系列として物的対象が定義された。

(48) ウィリアム・ジェイムズ(一八四二—一九一〇)はアメリカのプラグマティズムの哲学者である。心理学から宗教学まで、その研究範囲は幅広いが、ここで述べられている主張が含まれているのは『根本的経験論』(Essays in Radical Empiricism, 1912〔桝田、加藤訳、白水社、一九九八〕)としてまとめられた諸論文である。真理の定義に関してラッセルと論争になったこともあり、少なからぬ影響を与えた。

(49) 「実在論学派」と言われているのはE・B・ホルト(一八七三—一九四六)、W・T・マーヴィン(一八七二—一九四四)、W・P・モンタギュー(一八七三—一九五三)、R・B・ペリー(一八七六—一九五七)、W・B・ピトキン(一八七八—一九五三)、E・G・スポルディング(一八七三—一九四〇)の、六人のいわゆる「新実在論」の立場に立つ哲学者のこと。

(50) 面識という関係が否定されたため、「面識による知識」という知識形態が認められなくなった。つまり感覚経験や普遍の理解を、それだけで一つの知識状態として認められなくなった。また普遍の存在に関しては、本書で述べられているようなイデア的な存在から、バークリやヒュームの立場に接近することになる。

(51) アインシュタインによって、特殊相対性理論が発表されたのは一九〇五年、一般相対性理論が発表されたのは一九一五年のことである。

解説

ジョン・スコルプスキ

バートランド・ラッセル（一八七二―一九七〇）は、この有名な哲学への入門書を一九一一年に執筆し、一九一二年一月に出版した。それ以来幾世代にもわたって、人々は――大学生たちだけでなく一般の人々も――この本を読み、哲学を学んできた。この本が書かれたのは、ラッセルにとって哲学的に最も実り豊かな時期である。『プリンキピア・マテマティカ』は、彼とA・W・ホワイトヘッドとの偉大な共同作品であり、現代数理論理学の礎石となったが、そのための長期にわたるうんざりするようなテクニカルな仕事を、ラッセルは一九一〇年にやり遂げたのである。そのときのことを、ラッセルは「知性がのびきったまま、もとに戻らなくなっていた」と言っている。しかしそれでも、一般的な哲学の問題に対して生き生きとした力が新たにわいてくるのを彼はありありと感じたのだった。

本書は一般向けの入門書として書かれたが――彼は「三文小説」と呼んでいた――しかし明確な見解を打ち出し、まったく新しいアイデアを提出している。たとえば真理に関する考えがそうだ。きびきびとして独善的でなく、押しつけがましくもない。明快に見解が示されている。広く受け入れられてきたのも当然だ。

ラッセルはすべての哲学的問題に取り組んでいるわけではない。前書きで断っているように、自分が積極的に、建設的になれると思えた問題に限定している。当時の彼の興味にしたがい、結局本書では主として認識論が考察されることになった。認識論とは、哲学の一分野であり、私たちは何を知っていると言えるか、何を信じることが合理的であると言えるかを探求するものだ。そうした探求の結果をもとに、ラッセルはさらに、最も根本的なものとして存在しているのはどのようなものかについて、印象的な結論を下してもいる。倫理学や、精神と行為についての一連の古典的問題、たとえば自我の本性や自由意志の問題は扱われていない。しかし哲学の性格と価値について彼が言わなければならなかったこと――本書に何度も現れ、そのために最終章が当てられている話題――が、その倫理観のいくばくかを伝えている。

センスデータ、物理学、本能的信念

ラッセルは知覚の分析から議論をはじめている。現象は相対的であり、一つのテーブルが、違う位置から違った明かりの下で見れば、違って見える。しかし私たちはテーブルそのものが変化したとは考えない。そこでラッセルは、「センスデータ」と呼ばれるものが存在すると想定した。センスデータは「感覚によって直接的に知られるもの」（一五ページ）であり、「直接意識されるもの」（同）であり、テーブルは変化しないとしても、それは変化する。センスデータを導入するにあたって、ラッセルは意識状態あるいは意識作用と、その対象との区別も行った。意識状態は心的である。しかし対象は心的でもありうるが、そうでないこともある。ここが議論の方向を定める、最初の重要な箇所である。なぜならこの区別（この本の終わりまで、この区別は重要になる）を支持しつつ、ラッセルは「違った角度や明かりの下で同じテーブルを知覚するとき、そのテーブルの意識を構成するさまざまな経験は異なるが、意識の対象は同じである」と結論することもできたからである。テーブルの見え方ではなく、テーブルが意識の対象なのだと主張してもよかったのだが、ラッセルはこの見解を取らなかった。テーブルの見え方を意識の対象に仕立て上げ、この対象つまりセンスデータを、「心にとって私的であり、意識していないなら存在しない」という意味で心的だとしたのである。

すると、センスデータと物理的な対象の関係は何かが問題になる。物理的対象はセンスデータに対し、その原因となるものだ。そして物理的対象について、私たちが知りうるかぎりのことを語ること、それが物理学の目的である。ここからさらに、それらについて私たちは何を知ることができるのかが問題になるが、これについてラッセルは第3章で、物理的対象や、それが占める空間、時間について知ることができるのは、その関係的な構造だけであり、内在的な本性については知ることができないという結論を下している。これがラッセルの最終的な結論なのだが、しかしはじめに立てられるのは、もっと根本的な問いである。「実在が見えないのなら、そもそも実在の有無を知る手立てがあるのだろうか。そしてもしそれを知りうるのだとすれば、実在がどんなものかを見出す手立てはあるのだろうか」(二〇ページ)。存在するのは私とその経験や思考だけだということも、論理的にはありうるとラッセルは考える。しかし物質が存在するという常識的信念は本能的であり、かつ最も無駄のない組織立った諸見解へと私たちを導く。だから、その信念が間違っていることが論理的にはありうるということを認めつつも、私たちはそれを受け入れてよいのである(二八―三一ページ)。

ここから、ラッセルは次の教訓を引き出している。

本能的信念に基づかなければいかなる知識も成立せず、それゆえ本能的信念を拒否すれば後には何も残らない。ここまではよいとしても、本能的信念の中には、信じられている強さに違いがある。さらにその多くは習慣や連想を介して、本能的ではない信念――しかし間違って本能的だと思われている信念――とからみあっている。

哲学は、最も強く抱かれている本能的信念から始め、ひとつひとつ取り出してはそこから余計な混ざりものをそぎ落としながら、本能的信念の階層構造を示さなければならない。そして最終的に提示される形式では、本能的信念は衝突しあわず、調和した体系をなすことを示さなければならない。他と衝突するということ以外に本能的信念を退ける理由はないのだから、調和した体系をなすことが分かれば、本能的信念の全体は受け入れるに値するものとなる。

無論、私たちの信念が一つ残らず間違っていることもありうるのだから、何を信じるにせよ、少なくとも一抹の疑いは持つべきだろう。しかし、ある信念を拒否する理由になりうるのは、他の信念以外にない（三一―三二ページ）。

ここに現れているように、ラッセルの手法には目立つ点が二つある。

1．本能的信念の持つ合理的な権威に訴えることを、その本質としている点。本能的であろうとなかろうと、最も単純な仮説へと推論していく、などという単純なことをラッセルはしてはいない。第6章でラッセルは帰納について論じているのだが、推論の方法としてのもっとも単純な仮説への推論（あるいは、「最善の説明」）にはまったく触れていない。その章の八二―八三ページで述べている帰納原理は、センスデータから物理的対象への推論を可能にせず、センスデータ間の相関関係を推論できるようにするだけだ。

こうした点からすると、ラッセルの手法は哲学におけるイギリス的伝統に、とりわけトマス・リードの「常識」学派やジョン・スチュアート・ミル（彼は長命で、ラッセルの名付け親にもなった）によって代表される、一九世紀のイギリス的伝統に属する。それゆえ方法とは逆に、ラッセルの見解がどれほどイギリス的伝統と異なるかに注目するのは、興味深い。ラッセルと同じく、リードも本能的信念の権威と、物質についての信念が本能的性格を持つことをみとめる。しかしリードは、知覚の「直接的」対象としてのセンスデータ、あるいはリードの言葉で言えば「観念」という考えに対して、非常に透徹した批判もしたのだった。意識作用と対象を区別することで、ラッセルが取りえた見解として先述したものが、リードの見解である。リードの知覚の分析は非常に強力で、多くの哲学者がこの点ではラッセルに反対し、リードの側につきたいと思うだろう。

ミルもまた本能的信念の権威に同意する。この本（第11章）でのラッセルやリードのように、ミルも記憶の信念を本能的と見なし、それが権威あるものだと認めている。しかしリードやラッセルとは違い、ミルは物質についての信念は本能的ではないと考える。それは「習慣と連想」——先の引用文中で、ラッセルもこれらを認めている——の結果なのだ。これを根拠として、「感覚の非心的な原因として考えられた物質が存在する」ということを受け入れる理由があるということを、ミルは否定する。かわりに、物質は感覚の永続的な可能性として分析されるべきだとされた。この見解は、ラッセル自身が一時的にせよ、後年採用した見解に非常によく似ている。

2. しかしラッセルやリード、ミルに同意して、ある信念が本能的であれば、それは合理的権威を持つとしなければならないのはなぜなのだろうか。信念が本能的であることは、それが正しいことを含意しないという事実は認めているにもかかわらず、ラッセルはこれを問題にしていない。ラッセルの態度は、リードやミルのものでもある。すなわち本能的信念は、たとえ撤回される可能性があるとしても、合理的な権威あるものだと認めなければ、いかなる信念もまったく正当化できなくなるとされる。何もかもを疑う懐疑論に対しては、何も言えることはないし、その必要もないということだ。

この態度はそれとして正しいのかもしれないが、だとしても哲学的な謎が残る。本能的な諸信念を洗練し組織化する手続きPがあり、その手続きをラッセルも受け入れているとしよう。このときラッセルは、Pを経た上でも残される本能的信念は合理的であるというテーゼに同意すべき立場にある。では、何がその信念を合理的にしているのか。それが合理的である理由は、私たちが本能的に信じていることに他ならないのだろうか。信念が「本能的であること」と合理性のあいだに、重要なつながりがあることが明らかになった。さらに、「本能的」や「合理的」といった概念を哲学的に検討することによって、そのつながりをもっと解明してほしいと思う人は、確実にいるだろう。しかしラッセルは、リードやミルといった先輩たちと同様、そういう試みをまったく行っていない。

観念論：面識による知識と記述による知識

観念論（ラッセルは四五ページでこれを定義している）の批判は、『哲学入門』に何度も現れる話題である。本書の随所に、バークリ、カント、ヘーゲルらが観念論の代表者として登場している。彼らはそれぞれ非常に異なる哲学者であり、ラッセルの対応もまた、それに応じて異なる。バークリの議論のいくつかは、第4章でてきぱきと処理されている。ラッセルはそこで、心的作用とその対象の区別へと立ち返り、その区別を（彼が自分でもセンスデータを是認していることからすれば、驚くべきことに）ほとんどリードと同じやり方で使って、バークリに対抗している（五〇―五一ページ）。さらには「自分の知らない何かがあるということを、私たちは知ることができない」という、観念論を支持するためのバークリの中心的な議論に対し、ラッセルは「このように言われるとき、「知る」という言葉は二つの違った意味で使われている」(五四ページ)ことに注意を向けている。私が持っている「パリはフランスの首都である」という知識のように、何事かが成立しているという知識、真理の知識がある。それと対照的に、ラッセルが「面識」と呼ぶ、ものの知識もある。たとえば私はパリを知っているが、それはつまりパリを面識していることに他ならない。私はブラジリアがブラジルの首都だということも知っているが、ブラジリアを知らない。ラッセルが言うとおり、私たちは確かに、自分が知らないものが存在することを知ることができるし、実際知ってもいる。すなわち、自分が面識していない対象があることを、知っている。

この議論は観念論に対して提起されるべきよい論点であるが、ラッセル自身も言うように、観念論を擁護する多くの議論のうちの一つを扱うにすぎず、しかも取り立てて新しくもない。だが次章(第5章)で、議論はまったく新しい展開を迎える。記述による知識という概念が導入されるのである。ある対象を記述によって知っていると言えるのは、それがある記述を満たす唯一のものだということを知っているときである。例えば、私はブラジリアが「ブラジルの首都」という記述を唯一満たすことを知っているので、たとえ、面識によって知っているのではないとしても、私はブラジリアを記述によって知っているのである。面識による知識とは違い、記述による知識は、真理を知ることに還元できる。ラッセルは、私たちが面識している対象は「推論過程や真理の知識によって媒介されることなく直接面識しているものすべて」だけだと言う（五七ページ）。これはラッセルの認識論にとって重要な部分である。テーゼXと呼ぶことにしよう。それまでになされた分析によれば、私たちが意識しているのは、それゆえ面識していると言えるのは、厳密に言えば自分のセンスデータと自我だけである（六二―六三ページ）。だから、私は本当はパリを面識できない。パリのセンスデータを面識できるにすぎない。そこでラッセルは、もう一つの重要なテーゼを付け加えて、面識と理解とを結びつける。

理解可能なすべての命題は、面識されているものだけを要素とし、構成されているのでなければならない。（七二ページ）

これをテーゼYとしよう。ここから、私たちは面識している対象に関してのみ判断できるのだ、ということが帰結する。したがっていまのところ、判断がなされるのは自分と自分のセンスデータについてだけだということになっている。しかしその判断すら、もしそれらだけが面識されているものなのだとしたら、不可能になるだろう。なぜなら、あるものについて判断するとは、それに何かを述語づけることであり、そして述語づけるためには、述語になる何かを面識していなければならないからである。述語になるものをラッセルは普遍と呼ぶ。彼の見解のきわめて重要で革新的なところは、任意の数の座を持つ関係も普遍でありうるとされている点である。性質は一座の関係という特殊ケースに過ぎない。「AはBを愛する」のような二座の関係もあれば、「AはBをCに与える」のような三座の関係、「AはBから、CのDからの距離よりも遠く離れている」のような四座の関係、などもありうる。

Xにより、私たちは普遍を直接意識しているに違いないということが帰結する。したがって、私たちが直接意識するもののラッセルによるリストは、自我、自分が持っているセンスデータ、普遍で完成する。この中では普遍だけが公共的である。普遍だけが、複数の人が面識の対象とすることができる。この見解がテーゼXとYと一緒になって、私たちは何について語れるかに関し、ラッセルに非常に特殊な結論を採らせることになった。たとえば彼は、ビスマルクについてはいかなる命題も肯定できないと結論することになった。ビスマルクである対象を「B」とし、「Bは抜け目のない外交家である」という命題について考えてみよう。このように判断できるのはビスマルク本人だけで、私たちにできるのは、たとえば「ドイツ帝国の初代首相だった現実の対象について、それは抜け目のない外交家だったと主張する命題」（七一ページ）のように、命題を記述することまでだ。このように記述することにより、その記述を満たす唯一の命題が真だということを判断できる。そして私たちがコミュニケーションができるのは、その記述に含まれている普遍が公共的だからなのだ。それ以外の面識の対象はいずれも私秘的である。

「ビスマルクを面識できるのはビスマルク本人だけだ」という奇妙な結論は、Xか、直接意識していると言えるものを制限するラッセルの見解か、このどちらかをあきらめれば避けられるだろう。ビスマルクに話しかける人は、ビスマルクを「直接意識」していないのだろうか。また、何かを面識するということを普通に理解するかぎり、私はパリを面識しているがブラジリアは面識していない。このことと、私の意識に関する事実との間に、何らかのつながりがあるのはたしかである。私がパリを面識しているのは、私がそこにいたことがあり、周囲を意識していたのであって眠りこけていたのではないからだ。このように面識を普通に理解すると、それとの関連でYはそれなりにもっともらしいものになる。

「もっとも長命な人物はまだ生まれていない」という言明を考えてみよう。私はそれを真だと判断できる。しかしある重要な意味で、これはもっとも長命な人物である現実の対象についての判断ではない。私がよく知るフレッドこそ、実はもっとも長命な人物になる人だとしよう。このとき私の判断は間違っているが、にもかかわらず、それはフレッドについいての判断ではないのである。すなわち、私はフレッドについて、彼はまだ生まれていないという明らかに間違った仕方で判断したのではない。他方、フレッドについて判断することが、私にはたしかにできるが、何世紀か前に生まれた人にはできない。「もっとも長命な人物はまだ生まれていない」という判断なら、彼らにも可能であるにもかかわらず。では、フレッドについて判断を下せるためには何が必要なのか。フレッドを面識していなければならないのだろうか。もしそうなら、どういう意味での「面識」が必要なのか。この問題は驚くほど多様な展開を見せ、今でも哲学者を悩ませつづけている。

自明性、アプリオリ、そして普遍の世界（第6―11章）

第6章から先でラッセルが検討しているのは、私たちはいかにして一般的原理を知るのかということである。はじめに、帰納原理そのものは経験によって証明することもできなければ、反証もできないと論じられる。帰納原理が知られるのだとすれば、それは「原理そのものの明白さ」（八五ページ）によるものであるはずだ。このようにして知られる一般的原理は帰納原理だけではない。第7章では、根本的な論理的原理もまたそれ自体として明白である、もしくは「自明である」――それどころか、ラッセルによれば、そうした原理の自明性は帰納原理よりも高い――という主張が加わる。私たちがある一般的原理について、その原理の自明性だけか、あるいはそれを論理的に導き出すさらなる原理の自明性に基づいて得るような知識を指すために、ラッセルは「アプリオリ」という伝統的な用語を用いる。ラッセルがそうすることで言おうとしているのは、それらの原理や自明性に気づくためには経験が必要かもしれないが、——ラッセルもこれは認める——経験が供給する証拠に先立ち、証拠からは独立に、それらを知ることができるということだ。また、アプリオリに知られるのは論理的な原理だけではない。倫理的な原理（ものがそれ自体として持つ望ましさについての教説）や、数学の原理もまたアプリオリに知られる。ラッセルの「アプリオリ」の使い方では、それは「自明である」と一致しない。自明な原理から演繹されなければならず、それ自体は自明でないアプリオリな原理がある一方で、認識する人にどのようなセンスデータが与えられているかを述べているにすぎない真理を、自明なものに分類しているからである。さらにラッセルは、記憶とは過去のセンスデータを直接意識することだと考えるので、自明な真理は記憶されているセンスデータについての真理を含むだろう。こうした真理はまた、論理学や数学、倫理学の自明な原理に関するアプリオリな知識とともに、「直接的」で「直観的」であると言われている。それ以外の知識はいずれも「派生的」である。

この、「直接的」、「直観的」、あるいは「自明な」知識という概念には深刻な問題があり、

ラッセルはそれを解消しているとはけっして言えない。彼は第11章と13章で解消しようと試み、

「自明性には二つの異なる概念があるのに、今までの説明ではそれが区別されていない」という意見にも、かなりのもっともらしさがある。つまり、最高度の自明性に対応する、本当に間違いなく真理を保証するものと、それ以外のすべての度合いに対応し、真理を間違いなく保証するわけではなく、ある程度の見込みを与えるに過ぎないもの、この二つを区別しなければならないのかもしれない。（一四五ページ）

と示唆している。そしてその後、

ある真理に対応する事実が面識されているとき、その真理は第一の意味で、つまり最高度に絶対的であるという意味で自明だと言える。（一六七ページ）

と説明を与えている。
ここでラッセルが「面識」という用語を使っているように、私たちがある対象や事実を

面識していると言えるのは、対象が存在しているとき、あるいは事実が成り立っているときだけである。したがって、自分の信念と対応する事実を私が実際に面識しているのであれば、もちろん私の信念は正しいということが帰結する。しかし、自分は事実を面識しているのか、それとも面識していると思っているだけなのかは、どうすれば分かるのだろう。

現在の自分の感覚経験に関する知識を考察してみよう。もっともらしい論点が三つある。(1) そうした知識は、感覚経験をただ「直接的に」意識することからなるのであって、別の何らかの知識から推論されるのではない。(2) 自分がある感覚経験を持つことを意識しているならば、私はその感覚経験を持っている。(3) 自分がある感覚経験を持っていることを意識しているように私に思われるならば、私は自分がそれを持っていることを意識している。これがラッセルにとって、第一の意味で「直接的」で「直観的」な知識の、理想的な例である。しかしこれらを記憶のケースと比べてみよう。(1) 自分の過去のセンスデータに関する知識は、別の何かに関する知識から推論される必要はない(もちろん必要な場合もあるだろう。例えば、ある特定の経験をしたことを忘れていたが、日記の書き込みからそれを推論することもありうる)。(2) 自分がある感覚経験を持っていたことを覚えているならば、私はその感覚経験を持っていた。その経験を持っていなかったとしたら、持っていたことを覚えているように思えているにすぎない。しかし、類比が成り立つのもここまでである。(3)「自分がある感覚経験をもっていたことを覚えているように思われるならば、私はそれを持っていた」と言うことはできない。きわめて慎重にかつ真剣に考えてみても、あることを覚えているように思えるのだが、本当は覚えていないということもありうる。この点をラッセルは一四三ページで承認している。

アプリオリな知識についてはどうか。アプリオリな知識はいかにして可能か。この問いはカントが立てたことで有名である。カントが経験論者に反対し、すべてのアプリオリな知識が「分析的」なわけではないとした点で、ラッセルはカントに同意する(一〇一ページ)。さらに、ただ論理的に演繹するだけで新しい知識が得られることをラッセルは認める(九八ページ。ミルが強調した論点である)。したがって、ラッセルは数学だけでなく論理学そのものも分析的ではないと考えているのであり、カントから一歩進んでいることが分かる。しかし、非分析的なアプリオリな知識の可能性を説明しようとするカントの試みを、ラッセルは拒否する。カントの説明は、私たちが「2+2=4」と信じることは必然的であることを明らかにするだろうが、しかしなぜ2+2は必然的に4なのかを説明しない、ということがラッセルの中心的な論点である(一〇七―一〇八ページ)。

カントと経験論者をまとめて始末したので、ラッセル自身のとるべき道は明らかだ。すなわち、私たちがアプリオリに持つ知識は、普遍と普遍間に成立する関係(もちろん、関係もまた普遍者である）についての、直接的あるいは直観的な知識である、これがラッセル自身の答えである。自分の理論はプラトンのものであり、「彼の時代以降これまでに改める必要があると分かった点を変えただけ」だとラッセルは言い（一一三ページ）、そこにはある種の無邪気さすら感じられる。一一八から一二〇ページにおいて、普遍が存在することを否定しようとしても、少なくとも類似という関係的な普遍は認めなければならないことを、ラッセルは鮮やかに論証する。したがって、すべての命題は普遍を含まなければならない。しかし、すべての命題が個物を含まなければならないわけではない。普遍間の関係に関する命題は普遍だけを含み、それゆえ、それらの命題についての知識はアプリオリでありうるのである。「すべてのアプリオリな知識は、普遍間の関係だけを扱う」（一二九ページ）。

しかし、何かが存在することをアプリオリに知ることはできない（九三ページ）とした点で、経験論者は正しかった。それゆえ、「正しく語るなら、アプリオリな知識はすべて、心的世界や物理的世界の中に存在しないものに関わる」（一二〇ページ）。一九世紀から二〇世紀への変わり目の時代の、他の哲学者たちと同じく、ラッセルもまた存在と「存立」または「有」の区別に導かれる。

こうした見取り図がカントや経験論者のものと異なるのは確かだが、しかしこれはこれで明らかな、きわめて深刻で明白な問題を引き起こすものである（存在と有の区別の神秘化という問題を認めた上で、さらに困難が生じるのだが、ラッセルはそれについて論じていない）。第一に、なぜ、普遍についてのすべての命題をアプリオリに知ることができないのかが問題になる。「人はすべて死ぬ」は普遍的な命題であり、したがって普遍のみからなる。しかしこの命題を知ることができるのは、ただ帰納によってのみである、ということをラッセルは認める。だとすれば、これはアプリオリには知りえないことになるが、しかしなぜそうなのだろう。私たちが普遍とその間の関係からなる世界に直接触れているのなら、なぜ帰納しなければならないのか。普遍間の関係にはアプリオリに知りうるものとそうでないものがある、ということが、どうして起こりえてしまうのか。

私たちは普遍を直接意識すると主張されているが、この点についても問題がある。先ほど見たように、記憶の場合、覚えているという経験と覚えられているものは異なるのであり、だからこそ実際は覚えていないのに、覚えているという経験を持つこともあるのだった。本当に記憶している場合には、覚えられている対象から覚えるという経験へと何らかの連関がある。あるいは、前者から後者へと何か伝えられるものがある。では普遍の場合はどうだろう。ここでもまた、私が意識している普遍と、私が働かせている意識は違う。実際に普遍を意識することなく、普遍を意識するという経験を持つことが可能であるとしなければならないのは明らかだ。さらには、私が本当に意識している普遍から、その普遍についての私の意識へと何らかの連関があるか、あるいは前者から後者へと伝えられる何かがなければならないということも明らかである。

普遍との間にそんな連関が存在しうること、とりわけ無時間的な存在者の世界との連関について語ることになるときには、そうした連関が存在しうるということが一つの謎である。さらに深い謎として、非時間的に存立するものを面識することが、存在する世界に関する真理、たとえば、私は人間だからいずれ死ぬであろうという知識を、いかにして与えることができるのか、ということがある。これらの問題に答えられたとしても、その場合ラッセルが示しえたのは、アプリオリな知識が第二の推定上の意味でアプリオリであるのはいかにしてかであって、第一の絶対的な意味でのアプリオリな知識についてではない。なぜなら記憶の場合と同様、普遍間の関係を意識しているように思えるということと、実際に意識しているということを区別する余地があるはずだからだ。「何かを覚えているように思えることは、それが起こったということを支持するための、推定上の、撤回可能な正当化を与える」という考えを受け入れるとしよう（受け入れることがもっともだと思われる）。ならば、「普遍間の関係を意識していると思えるということは、その関係が成立しているということの、推定上の、撤回可能な正当化を与える」ということも、おそらくは受け入れられるだろう。しかしこれはけっして無価値ではないとしても、ラッセルの望みとは裏腹に、論理学や算術が絶対的な確実性を持つことを示さない。記憶についての推定上の証拠とまったく同様に、この種の「アプリオリ」な正当化は経験によって覆されうると論じる余地を、経験論者に残してしまうのである。

哲学の本性と価値

第12章での真理と判断に関する独自の理論と、第14章でのヘーゲルについての議論は、どちらも関係についてのラッセルの考えを展開したものとして興味深いが、それらは飛ばすことにし、最後に哲学の本性と価値についてのラッセルの見解を取り上げることにしよう。

ウィトゲンシュタインやウィーン学団とは違い、ラッセルは哲学と科学が本質的に異なる活動であるとは見なさなかった。哲学も科学も、本能的信念と証拠から出発するべきものであり、それらを発展させ世界観へと仕立てあげていかなければならない。違いは、哲学は証拠よりも批判に携わるということ、とくに私たちが知識を持っていると主張するとき、それを批判的に吟味することに関わるということにある(一八二ページ)。しかし建設的な批判は、知識として何かを、少なくとも暫定的にではあれ受け入れることからはじめなければならず、この点で実りのない絶対的懐疑論とは異なる。

哲学は知識を得ることを目指しているが、哲学の価値は主としてその不確かさにある。哲学は心を狭い先入見から解き放ち、宇宙を観想して魂を偉大にする。「宇宙を人に似たものとする哲学」(一九三ページ)には、しかし、それができない。そういう哲学は、実は一種の自己顕示欲なのだ。

哲学の価値に関するラッセルの考えは、明らかに物理学や普遍についての本能的実在論と結びついている。本能的実在論とつながるものといえば、彼の文体もそうである。魅力的な散文精神があり、二〇世紀の大きな影響力を持ったほかの哲学者の文体に歴然としている、自己卑下や、ほのめかし、ごまかしがない。ウィトゲンシュタインがラッセルの『哲学入門』を嫌ったこと、それも友人関係に緊張がはしるほど激しく嫌ったことは興味深い。ウィトゲンシュタインは、ラッセルの判断論についての専門的な批判を持っており、ラッセルが「自明性」やアプリオリに認識可能なプラトン的事実の概念を使用することに対して、哲学的に強い違和感を抱いていた。しかしもっとも深い、持って生まれた性格から反発したのは、その文体に対してであった。またウィトゲンシュタインがとりわけ嫌ったのは、この本の特に最終章で書かれている倫理的な態度だったと言われるかもしれない。

ウィトゲンシュタインによる専門的な批判は、ラッセルをかなり動揺させた。また二〇世紀中ごろの分析哲学において支配的になったのは、「哲学とは自己 - 解消的な営みである」というウィトゲンシュタインの――ラッセルのものとははなはだ異なる――哲学観だった。ウィトゲンシュタインの遺産はいたるところに残っているとはいえ、もはや支配的ではない。一方、この本のラッセルの見解は、その細部（ラッセルの判断論のいくつかの異なる見解を含めて）に関しても、あるいは本能的信念と科学的仮説の批判的分析としての哲学という一般的な考えに関しても、現在多くの哲学者に強く支持されている。また先に述べたように、それらの見解は、哲学をすることに関するイギリス的伝統に根付いたものでもある。それゆえこの本は、二〇世紀を代表する偉人によって、哲学における一つの――しかし唯一の――活発な視点から書かれた入門書なのである。これ以上を求めるのは、ないものねだりというものだ。

訳者解説

高村夏輝

本書はイギリスの哲学者、バートランド・ラッセルの *The Problems of Philosophy* の翻訳である。一九一二年に執筆されて以来、現在まで二三カ国語に翻訳され、また中には日本語のように複数回翻訳された言語もあり、文字通り世界でもっとも読まれてきた哲学入門書と言えよう（外国語訳の回数は *A Bibliography of Bertrand Russell, vol. 1*, Kenneth Blackwell and Harry Ruja (eds.), London : Routledge, 1994 に基づく）。実際、一読されればお分かりの通り、本書は入門書として非常に高い完成度を誇っている。テーブルのような身近な事物から始め、イデア的な存在やアプリオリな知識、形而上学について、全一五章を駆け抜けるように一気に論じていく。そのスピード感と議論の鮮やかさからして、執筆後九〇年以上が経過した現在でも、「哲学入門書の最高傑作」と呼ばれるにふさわしいものであり続けている。しかし本書の価値は、入門書として優れていることだけにあるのではない。原著解説でスコルプスキが述べているように、本書でなされている議論のいくつかは、現在でも哲学の中心的な話題となっている。いわば現役の哲学書でもあり、それが広く受け入れられている理由の一つなのだろう。

バートランド・ラッセルは、イギリスの貴族の家に一八七二年に生まれ、一九七〇年に九八歳でなくなった。哲学、論理学、数学基礎論などのアカデミックな研究活動だけでなく、性道徳や教育問題、反戦活動など倫理や社会問題に関わる活動家としても有名である。長命であり活動領域も広範にわたるため、その生涯の紹介は、この解説では割愛したい。彼の人生について知りたいと思われる方は、伝記をひもといて欲しい。自伝があり翻訳されているが読みにくく、また品切れ中。読み物として面白いのはアラン・ウッド『情熱の懐疑家』［碧海純一訳、みすず書房、一九六三］だが、これも品切れ。図書館でどうぞ。

ジョン・スコルプスキは、イギリスの哲学者で、現在はセント・アンドリュース大学の道徳哲学の教授である。宗教哲学、イギリス哲学や意味の理論、倫理学に関する多数の著作、論文を発表している。日本語に翻訳されたものとしては、「なぜ言語は分析哲学の問題か」（ハンス゠ヨハン・グロック編、吉田謙二、新茂之、溝口隆一訳『分析哲学の生成』晃洋書房、二〇〇三所収）がある。

本書は一五の章からなるが、大雑把に言って、内容上四つの部分に分けることができるだろう。第1章から第5章までは個物について、第6章から第11章までは普遍について、その存在と知識の問題を扱っている。後者では特に、普遍を構成要素とする一般的な命題、アプリオリな命題についての議論が中心となる。第12章から第14章までは、対象が個物であるか普遍であるかにかかわらず、知識という概念にとって根本的な、真理や正当化の概念を考察している。最後に第15章は、それまでの考察によってその姿が明らかになった哲学に、どのような価値を認められるかを話題にしている。各章はそれぞれかなりの独立性を持っており、一つの章だけを抜き出してアンソロジーに収録されることも多い。

すでに一本解説が付されているにもかかわらず、ここでもう一つ付け加える理由を説明しておこう。本書では合理論と経験論との対立を紹介した箇所がある。ラッセルはそこで、双方の立場にそれぞれ正しい面と間違った面を指摘しており、中立を保っているように見える。しかしラッセルは、長い間、経験論の伝統にひきつけて解釈され、間違ったイメージを持たれてきたと思われる。日本語で読める文献で例を挙げるなら、A・J・エアの『ラッセル』［吉田夏彦訳、岩波書店、一九八〇（この訳書では著者名が「エイヤー」と表記されている）］がそうである。ラッセルの遺稿の整理が進み、また最初期の立場の研究が盛んになった現在、こうした解釈はかなり下火になっているが、しかし今でも「ラッセル＝イギリス経験論を、記号論理学の手法を用いて現代化した人」というイメージはなかなか強い。スコルプスキにしても、最近の研究動向を踏まえているのは明らかだが、「イギリス哲学の伝統」にひきつけて解釈している。そしてそのため、ラッセルについてミスリーディングな主張をしている箇所がある。また、問題は、単にラッセル解釈上の正否にとどまらない。彼の哲学が持っている魅力的な側面、現在でも参考にされるべきその姿勢に対する誤解を招き、ラッセルの著作から生産的な論点を引き出す妨げになっていると思われる。そこでこうした解釈を批判し、正しい理解を提供したい。これがこの解説の目的である。

まずは合理論と経験論について、いささか紋切り型の、しかしラッセルを解釈するときにしばしば前提されるような説明を与えておこう。

合理論——論理から存在へ

哲学は、実に驚くべき主張に満ちている。変化は存在せず、世界内にあるのはただ一つ、欠けるところのまったくない球体のみである。そう主張したのは、紀元前五世紀ごろのギリシアの哲学者、パルメニデスだ。また多くの哲学者が神の存在を主張していたし、今でも有神論者はたくさんいる。デカルトは、身体とは独立に存在しうる、空間的拡がりを持たない非物質的な自我の存在を主張した。現代の日本で、これらの主張を真に受ける人がどれほどいるだろう。

なぜ彼らの主張を信じないのか。周りを見わたしてみると、今私の目の前にはマグカップと時計があり、その秒針は動いている。「私は神だ」と主張する人はいままでたくさんいただろうが、その人が本当に神だったためしはない。非物質的な魂を見たことがある人なんていないだろう。つまり、この世に生き、見たり、聞いたり、呼吸したり食べたりするそのつど、目の前には彼らが主張するのとはまったく異なる世界が開けているから、私たちは彼らの言うことを信じないのである。むしろ不思議なのは、なぜ彼らはそんな突拍子もない主張をしたのかということだ。

それを理解する鍵になるのが「論理」であり、論理を用いてなされる「論証」というものが持つ力である。たとえば私たちはすべての三角形の内角の和が一八〇度であることを知っているが、それをどうやって知ったのだろう。実際に描いて測ってみるとどうなるか。完全な三角形を私たちは描くことができないため、測定結果はまちまちになるだろう。もしたまたま一八〇度ジャストになったとしても、目盛を読み間違えているのかもしれないから、それが正しい測定結果だという保証は何もない。さらには、一つの三角形について一八〇度だということが分かったとしても、そこからすべての三角形についてそうなるとは言えない。三角形の種類は無限に多様だから、「描いて、測る」というやり方ではすべての三角形について知ることはできない。つまり経験が与えてくれる知識には、正確さ、確実性、普遍性が欠けている。

しかし、私たちはすべての三角形の内角の和が一八〇度ちょうどだと知っている。なぜか。それは論理を用いて、三角形の内角の和が一八〇度でなければならないことが証明できるからである。一つの頂点で交わる二辺を、それぞれの長さと同じだけ延長し、底辺と平行な線を引いて……という手順での証明を、皆さんもご存知だろう。三角形や平行線について理解しているかぎり、この証明を認めざるを得ない。つまり三角形や平行線という概念を了解しているかぎり、内角の和は一八〇度になるということが確実に知られることになる。しかも、ひとつひとつの角の大きさや辺の長さなど、例として使われた三角形に特有の性質は使われていないから、証明の結果はすべての三角形について成り立つ。つまり経験によっては得られなかった正確さ、確実性そして普遍性が、論理によって得られた知識には備わっている。

ならば、論理を用いて世界を探れば、その真の姿が分かるのではないか。哲学者たちはそう考えたのだった。世界には何がどのように存在するのかを知るために論理が有効なら、世界について絶対に確実で、普遍的に成り立つ知識が得られることになる。経験に照らし合わせたらとても信じられないような主張を哲学者がするとき、自分たちの主張はそのようにして得られたものだと考えているのである。たとえばパルメニデスの弟子であるゼノンが、師の見解を擁護するために提起した「アキレスと亀」のパラドクスは、「変化は存在しない」ということを証明する試みである。

「足の速いアキレスとのろまな亀が、ハンデつきで競走するとしよう。アキレスは亀を追い抜くために、まずは亀のいる位置まで行かねばならない。しかしそれには時間がかかるので、その間に亀も少し進んでしまう。アキレスがあらためて亀のいる場所に行こうとしても、さっきよりも短いとはいえやはり時間がかかるので、その間に亀はまた（先ほどより距離はかなり短くなるが）少し進んでしまう。そこでまたアキレスが亀に追いつこうとしても、それにはさらに短くなったとはいえ時間がかかるから、その間に亀は進んでしまう。時間も空間も、細かくするのに限度はないから、このプロセスをどんなにすすめていっても、両者の差がどこまでも小さくなるだけで、アキレスは亀に追いつくことすらできない。それゆえ、アキレスは亀を追い抜けない。」

　この議論は時間や空間、運動そして変化がどのようなものとして経験されるかによらず、時間や空間を「無限に分割可能なもの」として概念的に規定し、それを用いて運動や変化の概念を分析しパラドクスを指摘するものだ。だからあなたがどんなに「しかし運動や変化はあるじゃないですか」と言ったとしても、「でも君は空間や時間が無限に分割できることを認めてくれるだろう？　だとすれば、論理的に正しく考える限り、私の言ったとおりにならなければならないはずだ。もし違うというなら、私の論証の間違いを指摘してくれ。なに、できない？　だったら私の言っていることを受け入れるしかないね。経験なんて間違いやすくて視野の狭いものにしがみついていてはいけませんな」と切り返されるだろう。

つまり、どんなに自分の経験に基づいて反対しても、時間や空間の概念をゼノンと共有するかぎり、彼の言い分が正しいことになる。概念を用いるだけで正しい結果が得られるのであり、世界がどのようなものとして見えるかという経験の出番はない。こうして私たちは、今目の前にある世界を離れ、変化のない世界へと導かれる。このように、論理を手段として、あるいは論理を使う能力としての理性の力に信頼を寄せて実在のあり方を描こうとする哲学者を「合理論者」と言う。合理論者にとって論理とは、不確実でその場限りのことしか教えてくれない経験をのりこえ、経験される世界とは別の、遥かな高みへと、真実の世界へと私たちを駆り立ててゆく力なのである。

禁欲的な経験論——認識から存在へ

しかし、ゼノンの言い分の次のところに注目しよう。「でも君は空間や時間が無限に分割できることを認めてくれるだろう？」　この彼の誘いをきっぱりと断るなら、パラドクスを回避することができるのではないか。たとえば次のように言い返すことができる。

「ゼノンさん、あなたはアキレスは亀に追いつけないということを論証するために、空間が無限に分割できるということを前提なさいますが、それは認められません。空間的な拡がりをどんどん細かくしていくところを想像しましょう。ある一定の空間を半分にして、それをさらに半分に、それをまたまた半分に、としていきます。ある程度やれば、もはや拡がりは見えなくなってほとんど線になり、それを半分にすることができなくなりますね。いや、それを半分にしたところを想像できる、そう言われるとき、あなたはその拡がりをいったん拡大して、それを半分にするところを想像しているでしょう。つまり「もうこれ以上小さくできない」という限界にきたときに、それを拡大して分割しているわけで、空間を際限なく小さくしていっているわけではないのです。ここから明らかなように、空間は無限に分割できるのではなく、最小単位の広がりというものがあるのです。私たちが見たり想像したりする場面を、虚心坦懐に見つめてみれば、それは明らかなはずなのに、それをせずに言葉をもてあそぶから、「アキレスは亀に追いつけない」なんてめちゃくちゃな結論が出てくるんじゃないんですか?」(無限分割の可能性を批判している例としては、バークリの『人知原理論』[大槻春彦訳、岩波書店、一九五八]の第一二三–一三二節。ただしバークリの議論はここで述べたものとは異なり、またその標的はゼノンではなくニュートンの自然学である。またゼノンは、時間や空間が有限の単位から成り立っていると想定した場合に対してもパラドクスを提起しているので、本当はこの論法では倒せないのだが、今はその点はおいておこう。ここで述べたものとは違う仕方ではあるが、直接的な経験に立ちかえることでアキレスのパラドクスを解消する試みとしては、ベルグソンの『意識に直接与えられたものについての試論』〔合田正人・平井靖史訳、ちくま学芸文庫、二〇〇二〕がある。）

確かに、論理を使えば正しい前提からは必ず正しい結論が得られる。しかし前提が間違っているなら、結論が正しくなるとは限らない。空間について不適切な概念を出発点にしてしまうと、いくら推論が論理的に正しくとも、間違った結論が出てきてしまう。「アキレスと亀」のパラドクスは間違った前提から出発することがもとで生じただけで、正しい前提から出発すれば運動や変化を認めることができるのではないか。

しかしそうだとしても、無限分割の可能性を否定する方が正しい空間概念であるとなぜ言えるのか。無限分割の可能性は確かに私たちの時間、空間概念の中に含まれているように思える。だからゼノンに反論するとしても、その可能性を否定するのではなく、それを認めた上でパラドクスに答える方法を探すべきなのではないか。そう思われるかもしれない。

そこで、次のように考えてみよう。空間とは、私たちがその中に住まい、その中にある物を見たり触ったりする場だ。私たちにとって空間は、この「見たり触ったりする」ということ、つまり経験から切り離せない。だから、空間について何が考えることができるのか、何が言えるのか、つまりは正しい空間の概念を得るためには、私たちの経験に立ち返るべきではないだろうか。空間だけではない。一体この世に何があるのか、神様はいるのか、魂は存在するのかを考えるときにも、私たちはあくまで経験に即してその是非を決定しようとするだろう。このように考える人を「経験論者」という。私たちはどのようなものとして世界を経験しているのか、そういう認識論的問題から出発して、何が存在すると言えるかを考える。そうして、余計な存在者は認めず、すっきりした世界観を手に入れようとする。これが経験主義という立場である。

しかし、経験している当人が自分の経験に現れていると思うものならなんでも認めてよいわけではない。山道を歩いていて、先にヘビがいるように見えたが、恐る恐る近づいてみると縄だと分かった、という場面を想像しよう。この場合、はじめは知覚経験にヘビが現れていたが、その後で現れているものは縄になったわけだ。もちろん道の上にヘビはいなかったのだから、ヘビが現れている知覚経験は間違いで、縄が現れている知覚経験のほうが正しかったのだが、もし近づかずに別の道を行けばどうなっていたか。道の上にヘビがいるという知覚経験の内容はそのまま変わらず、自分はヘビを見たのだとその人は思い込んだままになる。すると、その人の知覚経験から存在するものを導き出そうとすると、この世にはいないはずのヘビが存在論に含まれることになってしまう。間違った経験は存在論を不必要にふくれあがらせるのである。これではすっきりした世界観を得ようという目的が果たせない。

ということは、ただ「知覚経験に立ち現れるもの」とするのではなく、「正しい知覚経験に立ち現れるもの」だけを存在するものと認めるべきだろう。しかしまだ問題は残る。ある知覚経験が正しいということをどうやって確かめればよいのだろう。事物を知覚する経験にはつねに間違いの可能性がある。さっきあげた縄にしても、もっと近づいて見てみたらやっぱりヘビだったと分かったり、さらに棒でつついてみたらやっぱり縄だったり、といったように、それまでの知覚経験の内容を覆すような経験を新たにする可能性がどうしても開かれてしまう。ということは、本当は間違った知覚経験を正しいと思い込んで、そこから存在論を引き出してしまうリスクが必ず付きまとうということだ。

コップやテーブルのような見慣れた事物だけではない。原子や電子などの科学が認めている物も出発点にはできない。科学の歴史を繙けば、フロギストンやカロリックのように、存在すると思われていたが実はないことがわかったというケースがよくある。そこから考えて、科学が発展することによって、原子や電子が実は存在しなかったということももちろんありうるのではないか。

知覚経験に基づく知識が持つ、以上のような問題点を極限まで推し進めたものが、第2章で紹介されているデカルトの懐疑である。私たちは悪霊に欺かれて、あるいは長い長い夢を見ていて、間違って外界の事物を知覚していると思い込んでいるにすぎないのかもしれない。経験そのものの中にはこうした可能性を排除するものはなく、したがって自分は欺かれていないとか夢を見ているのではないということを、経験によって決定的に示すことができない。では、経験論者が存在するものとして認められるものは何もなくなってしまうのだろうか。

あきらめるのはまだ早い。知覚経験の内容の中に、確実に正しいと言える部分があるのではないか。山道で見たものがヘビなのか縄なのかは不確実なままだとしても、細長く茶色いものが見えていることは確実なのではないか。あるいは、こうした見間違いのケースだけではなく、透明なコップの中に棒を入れると曲がって見えるとか、まぶたを押すとコップが二重に見えるといった錯覚や二重視のケースを考えてもいい。これらのケースでは、曲がった棒や二重になったコップがあるように見えるが、実はそんなものはない。だからこれらの経験を真に受けて、曲がった棒や二つのコップを存在者として認めてはならない。しかし、曲がって見えていること、二重に見えていることは疑いようがない。それゆえ、棒ではないにせよなにか曲がったものがあるということ、コップではないが二重になったなにかがあることに間違いはないのではないか。つまり見るという知覚経験をしているときには、それが事物の正しい知覚であるかどうかにかかわらず、その経験には何らかの色と形を持ったものが必ず現れていて、そのようなものがあるということは疑いようがないと思われる。もちろん話は視覚に限定されない。触覚や聴覚、嗅覚、味覚についても同じことが言える。こうした感覚の内容となるものが存在することは確実だろう。だとすれば、感覚の内容となるこの「もの」こそ、経験論者の目的にかなう存在者だということになるだろう。かくして経験論者は、外界の事物が見えているという知覚経験の内容ではなく、自分が持っている感覚内容を存在論の出発点にするのである。

経験論者の論法をまとめるとこうなる。

①事物を知覚するさまざまな経験の中で、どれが正しくどれが間違っているかという判断を決定的に下すことはできない。

②間違いの可能性がある限り、事物の知覚経験を存在論的探求の出発点にしてはならない。こうして日常的世界観や科学的世界観をいったんご破算にする。

③自分の感覚経験の内容に関する知識という、疑いえず間違いのありえない経験的知識に着目し、観念やセンスデータを取り出す。

④観念やセンスデータを出発点として、知識や世界像の再建に乗り出す。

事物の知覚経験の不確実性を指摘し、経験の確実な内容を取り出そうとする以上のような議論は、「錯覚論法」と呼ばれるものの一種である。錯覚論法こそ、私たちの世界像から無駄なもの、間違ったものを追い出し、切り詰められた存在論をもとに正しく世界像を描きなおすための、経験論者の手段であり、そうして導入されるものこそ「観念」であったり「センスデータ」であったりするわけである。

錯覚論法を使う理由としては、懐疑論を論駁しようという動機も見逃せない。事物の知覚経験には、誤りの可能性がつねにある。そこから、「知っていると思い込んでいるだけで、われわれは本当は世界について何も知らないのではないか」という疑念が起こり、懐疑論者のつけいる隙ができてしまう。経験論者はこれに対して、「経験している当人にとってどう見えるかということが、すなわち観念やセンスデータがどのようにあるかということだ。つまり見えているあり方と本当にあるあり方が必ず一致する。それゆえ観念やセンスデータについては、絶対に間違っていない確実な知識が得られるのだ」と切り返すことができる。そうして経験論者は、絶対確実な知識を基礎として、世界について私たちが持っている知識（日常的な世界観や、科学が描き出す世界像）を立て直そうとする。こうした認識論上の立場を「基礎づけ主義」という。経験論者は基礎づけ主義的認識論を通じて存在論を確定するのである。

ここまでの話をまとめよう。合理論者は経験的に得られた知識を利用せず、私たちがすでに持っている概念から出発し、論理を用いて「世界の中に間違いなく存在するもの」を導き出す。ときにそれは、私たちの常識的なものとは全くかけ離れた世界へとつながってゆく。一方経験論者は感覚の内容という確実な経験的知識から出発し、そこから「観念」や「センスデータ」という存在者を認め、それらを使って世界像を立て直そうとする。ときにそれは、私たちの常識的なものよりもはるかに禁欲的な世界へとつながってゆく。

ラッセルは経験論者か

以上のように経験論と合理論を対比するとき、伝統的な解釈はラッセルを経験論の側に立たせる。たとえば論理実証主義者のA・J・エアは、バークリやヒュームの経験論から自分の実証主義的な立場へといたる系譜を描き、その途上にラッセルを立たせる。そしてラッセルの果たした役割は、現代論理学の手法を用いて経験論を再生したことにあるとされる。

このように解釈される理由のうち、一番根本的なのはラッセルの「センスデータ」が経験論者の「観念」とよく似ていることである。どちらも色、形、手触りなどの感覚の内容であり、物体とははっきりと区別される対象だ。また第5章で「すべての知識が面識に依存し、面識を基礎とする」と言われていることから、ラッセルに基礎づけ主義的認識論を読み取ることができ、センスデータは観念と同様に経験的知識を正当化する役割を担うように思われる。

さらに、ラッセル哲学の形成過程も理由の一つとなっている。「イギリス経験論」といわれるほど、経験論はイギリス哲学の伝統と結びついているのだが、一九世紀末から二〇世紀初頭におけるイギリス哲学界は、ブラッドリーやマクタガートらの「新ヘーゲル主義」が支配的であり、学生時代のラッセルもその影響下にあった。しかし記号論理学の研究や親友であるムーアから触発もあり、新ヘーゲル主義を痛烈に批判しつつラッセルは自分の哲学を形成し、イギリスの哲学的風景を一変させた。つまりこの新ヘーゲル主義との対決が、「合理論対経験論」という見取り図と重ね合わされることにより、ラッセルは経験論者だとみなされるようになる。

しかしこのような解釈は間違っていると思われる。禁欲的な経験論の論法に従うかぎり、どうにも説明のつかない主張をラッセルはかなりたくさんしているからである。たとえば、センスデータを心の外なるものだとしている点である。もし経験論の論法に従うなら、経験を物理的世界とは切り離して、その経験が含む対象としてセンスデータが措定されることになり、それゆえセンスデータは心的である（少なくとも、経験に内在的である）としなければならないはずである。また実際、ラッセルを経験論の伝統に接続し解釈する論者たちは、しばしば彼のセンスデータは心的だと主張してきた。第4章に明らかなように、ラッセルはそうした見解を徹底的に批判しているにもかかわらず。

スコルプスキもラッセルのセンスデータを心的としている。これは、バークリがセンスデータは知覚者に依存するという意味で「心の「中」にある」としたのは正しい、とした点を踏まえており、別に間違ったことを言っているわけではない。しかし、センスデータが知覚者に依存するということを「心の「中」」とするのはあくまでバークリの用語法であって、ラッセル自身が自分の見解を述べるときにそうした言い方を用いるわけではない。それを明らかにしていないため、ラッセル自身がセンスデータを心的としたかのような、ミステリーディングな記述になってしまっている。たとえば五〇ページで「主観的」という言い方がなされ、それが「直接知られるものは何であれ心の中になけ、れ、ば、な、ら、な、い」ことを導かないとしている点に留意すべきであろう。

しかし、ラッセルのセンスデータが心的であると思わせる要因は他にもある。それはセンスデータは「知覚者の中にある」（六一ページ）と言われるときの「中」の意味を取り違えることから生じた誤解である。経験の「内」と「外」は、次の三通りの仕方で区別することができ、いずれかの仕方で「内」にあるとされるものは、ある意味で「知覚者の中にある」ということができると思われる。

①知覚されている（あるいは知覚することが可能な）領域と、そうではない領域。

②心的なものの領域と、物的なものの領域。

③知覚者に因果的に依存する領域（具体的には身体）と、依存しない領域。

根本的なのは①の区別であり、「外界の知識」が問題になるときには、この意味での外なる世界が考察の対象となる。そしてこの意味で知覚者の中にあるものとしてセンスデータは立てられ、「外」にある物的対象と対比される。

問題は、この①の区別からセンスデータが②や③の区別でも「内」に属するものと言わなければならないかどうかであり、それはどのようにして（①の意味での「内」なるものとしての）センスデータを導入するかにかかっている。「経験論」のところで述べた経験論者の議論に従ってセンスデータを立てるとき、それは②の意味でも「知覚者の中にある」ことになる。しかしラッセルの議論はそれとは異なるものである。本書の第1章で彼がセンスデータを導入するとき、その根拠とするのは悪霊や夢の懐疑の可能性ではなく、感覚の内容は知覚の対象だけでなく知覚者の状況、特にその身体のあり方や、身体と知覚対象との関係のあり方に依存するという事実である。つまりラッセルの議論から帰結するのは、センスデータは③の意味でも「知覚者の中にある」ということであって、②の区別ではない。第4章での観念論批判のポイントは、①の区別から②の区別での「中」に読み替えることの間違いを指摘することであり、そのような誤解を避けるために「心の中」ではなく「心の前」という言い回しを意識的に用いてさえいる。したがって、やはりラッセルのセンスデータを心的なものとすることはできない。

ちなみにラッセルにとって②の意味で知覚者の中にあるのは「面識」や「判断」といった心のはたらき、作用である。心の内容、意識の対象の一切は、(内観のケースを除いて)②の意味では「知覚者の外」にある。また③の意味で知覚者の中にあるのは知覚者の身体である。ことによると、センスデータはその一部と同一とされるのかもしれない(ラッセル自身がそう明言しているわけではない。この点に関してラッセルは本書の時期にははっきりした考えを持っておらず、『外部世界についてのわれわれの知識』などで、知覚されないが存在しているセンスデータ(これをセンシビリアと言う)の存在を認め、物体をセンスデータからの論理的構成物とすることによってはじめて、センスデータと身体をはじめとする物的対象の関係にすっきりした見通しを与えることができた)。

また普遍の存在を認めている点も経験論的ではない。第9章を読めば分かるとおり、普遍の実在性を主張し、バークリやヒュームを厳しく批判している。しかし経験の中に、普遍の実例ではなく普遍そのものが見出せるかといえばかなり疑問であり、経験論の論法に従う限りでは、バークリやヒュームの方に分があるはずだ。

それにラッセルの哲学的好みは、圧倒的に合理論寄りなのである。本書でもそれは見て取れる（たとえば第15章末尾の自由な精神について述べているところ）。本書以前の時期には、哲学としての経験論の破綻を前提して議論を進めているものが多い。本書執筆時には経験論にも一定の重要性を認めているが、ラッセルにとって重要なタイプの知識である数学的知識について正しい説明が与えられないため、経験論には厳しい評価が下される。ラッセルが新ヘーゲル主義の影響から脱するにあたって重要な役割を果たしたのは、ライプニッツの研究であった。また一元論的世界観を批判しつつも、その論理的一貫性と倫理学上の見解に関し、スピノザを終生尊敬しつづけていた。そして何より重要なのはプラトンである。ラッセルの書簡集を読んでみると、『哲学入門』を執筆していたこの時期、ラッセルはプラトンを集中的に読んでいたことが分かる。つまり、経験論の伝統が新ヘーゲル主義者によって断ち切られた後、プラトン、ライプニッツ、スピノザなどの合理論者の影響の下でラッセルは自らの立場を形成していったのであって、彼をイギリス哲学の伝統にストレートにつなげることはできないと思われる。（ラッセルの書簡集は、*The Selected Letters of Bertrand Russell, vol. 1 The Private Years, 1884-1914, vol. 2 The Public Years, 1914-*

1970. (ed.) Nicholas Griffin, London ; Routledge, 2002. として出版されている。一九一一年八月二〇日のルーシー・ドネリィあて書簡では、本書を書き上げたことを報告すると同時に、プラトンを賞賛し、その著作をたくさん読んだと書いている（そしてスピノザとライプニッツの肖像を部屋に飾っていることも）。また、そのしばらく後には、愛人とピクニックに出かけてプラトンとスピノザとシェリーを読む、などということもやっている（楽しいか?·）。ちなみに索引を見る限り、経験論者の名前は——ロック、バークリ、ヒューム、そしてリードを含めても——この二巻あわせて約一二〇〇ページの本の中に一度も出てこない。）

関係からの世界のデッサン——論理的原子論

だが本書では経験論にも一定の意義が認められている。では、ラッセルと合理論や経験論との関係はどのようなものだったのだろうか。それを理解するためには、関係についてのラッセルの主張と、それが展開された状況をみておかなければならない。

本書では観念論や普遍についての唯名論、ヘーゲル主義的な一元論といったさまざまな存在論的立場が批判されているが、その際にラッセルは関係というもののあり方に注目して議論している。たとえば第4章で観念論の主張を批判するときには、「知る」とか「意識する」、「感覚する」といった関係とそれらの項となるセンスデータは、必ずしも同じ心的本性を持つとは言えないとして、観念論の論証の不備を突いている。次に第9章で、性質は無しで済ますことはできても、関係はそうはいかないとして、普遍についての唯名論を退ける。最後に第14章で、「ある事物が関係を持つとき、その関係は事物の本性の一部であり、論理的に欠かせないものだ」というテーゼに依存する一元論を批判する。この三つのすべてに関係がかかわっているのは偶然ではない。ラッセルが新ヘーゲル主義の立場から脱して自らの哲学を形成する、そのきっかけとなったのが「関係の存在を認めるか、それとも個物とその性質だけを認めるべきか」という問題への取り組みであった。それゆえ関係の問題は彼の哲学の根本的な位置を占めるものなのである。

関係を認めず、個物とその性質に関係を還元するという説はそれほどおかしなものではない。黄色いボールＡと赤いボールＢがあったとしよう。このとき、「ＡはＢよりも明るい」と言えるが、ＡとＢというふたつのボールと黄色と赤という二つの性質に関する事実以外に、両者の間に成立する「…は…よりも明るい」という関係に関わる事実が存在するのだろうか。この事実がどのように成立して、どのように変化するかを考えてみよう。たとえばＡとＢの明るさの関係を逆転するには、それらの色を塗り替えるだけでいい。Ａを黒く塗れば、ＢはＡよりも明るくなる。また、色を変えることによって関係を成立させたり変化させることはできるが、逆に関係を成立させて色を持たせたり変化させることはできない。つまり、関係的事実は性質的事実に依存しており、逆の依存関係は成立しないと思われる。とすると、これらの事実を別ものと考える必要はないのではないか。「AはBよりも明るい」という命題は他の命題によっては表現できない事実を表現しているのではなく、「Aは黄色い」と「Bは赤い」という二つの命題をまとめて言い直しただけであり、つきつめれば個物と性質に関わる命題に還元されてしまうように思われる。

これに対して、ラッセルは次のように切り返す。「Aは黄色い」と「Bは赤い」という二つの命題から「AはBよりも明るい」を引き出すためには「黄色は赤よりも明るい」という前提が必要である。しかしこれは、黄色と赤との間にある関係が成立しているという事実を表現した命題にほかならない。よって、関係の項になっている二つの物とその性質へと関係を還元しようとしても、結局は別の関係を必要とせざるを得ず、還元は失敗する。つまり、たとえAとBの明るさについての関係を認めずに済んだとしても、すべての関係が不要になるわけではない。ならば、はじめからAとBの間に関係が存在すると認めればよいのではないか。

他にも様々な論点が持ち出されるのだが、肝心な部分は以上である。この論争に決着をつけるためにはまだ論じるべきことがあるが、今問題なのはそれではなく、以上のような新ヘーゲル主義とラッセルの間の論争のあり方である。ラッセル自身が創始者の一人である現代論理学が登場する以前、伝統的論理学は命題を主語と述語という形式に分析していた。この論理学上のテーゼに基づいて、新ヘーゲル主義は関係を含む事実を表現しているように見える命題を、個物と性質のみを含む命題へと還元しようとしていた。それに対してラッセルが、関係が経験の中に見出せるから関係は存在すると論じて反論しているわけではないことに注意しよう。関係的な事実を表現する命題は関係そのものを要素として認めるように分析されるべきだとする、論理的考察を通じて関係の存在を主張しているのである。つまり関係の存在をめぐる以上の議論は、論理的な手段を用いて存在を考察するという、合理論者の陣営内部で戦わされた論争なのである。

　では、関係の存在を認めることから、ラッセルはどのような世界観を形成したのか。まず、関係の大部分は異なるものの間に成り立つことから、複数のものがあることになるだろう。たとえば「…は…よりも明るい」のような関係は、物がそれ自身に対して持つ関係ではないため、その関係の項となるものは相互に異なる。すると、もし真である関係命題があるなら、パルメニデスやヘーゲルのような一元論は間違っており、世界には複数のものが存在するという常識的な見方が正しいことになる。こうして、関係の存在を認めつつ事実をどのように分析するべきかという論理的議論によって、多元論の可能性が開かれる。こうして到達された、世界には複数のものが存在するという世界観を「論理的多元論

logical pluralism」という。論理的多元論に、「存在するものには、もうそれ以上分解することができないという限界、単純なものが存在する」という前提を加えれば「論理的原子論 logical atomism」になる。存在の最小単位、すなわち原子が物理学ではなく論理学によって特定されるから「論理的」であるというわけだ。本書ではどちらなのかは明言されていないが、同時期に執筆された文章を参照する限り、物的存在者はともかく、センスデータに関しては単純な対象が認められていたことが分かる。

つぎに、関係が普遍であることから、普遍が存在することが帰結する。つまり論理的多元論が主張する複数の「もの」の中には普遍が含まれるのである。さらに空間的秩序を形成するような関係を手がかりに、その関係の項となるものとして個物が定義される。「普遍と個物の関係について On the Relations of Universals and Particulars」(in *Logic and Knowledge*, R. C. Marsh (ed.), London ; Routledge,1992. pp 103-124) が、これを主題とする論文である。どうやらラッセルは個物の存在をなしで済ませ、性質や関係といった普遍だけを認める体系を作りたいと思っていたようだが、この時点ではそれが上手くいかなかったようである(『私の哲学の発展』野田又夫訳、みすず書房、一九九七年、204-210ページを参照)。

世界の実質――経験論的探求

これまでのところ、ラッセルは合理論者として振舞っているといってよい。しかし存在論的な問題が以上で全て答えられたわけではない。個物や普遍の存在は認められても、どのような個物や普遍が存在するのかは未決定である。たとえば物体や物理的性質しか存在しないのか、それとも心的なものや神なども存在するのだろうか。こうした問題について、論理的多元論は何も語っていない。それは世界の一般的な形式について述べているだけで、何がその形式を満たすのか、いわば世界の実質については沈黙しているのである。

ここでようやく経験論に出番が回ってくる。第7章で、何かが実際に存在することを証明するためには経験が必要だと主張しているように、ここではラッセルは経験論を支持する。しかし注意が必要である。一口に「経験」と言ってもその内実は多様である。「経験」は感覚の内容だけを指すとは限らない。事物の知覚もまた経験だし、科学的な観察をしたり、学校で実験の仕方や理論を習うことだって経験だろう。また常識的な世界観や科学的知識も、経験的知識である。これらをも議論に取り込むのもまた、広い意味での「経験論」に含まれる。「経験論」のところで述べた、禁欲的なものだけが経験論なのではない。そしてラッセルが「経験論者」と言いうるとしても、それはこの広い意味での「経験論」なのである。彼の議論の進め方を実際に見てみよう。

第2章、三三二ページの最終段落から末尾にかけてが、ラッセルが自分の方法論について述べたところである。それを一言でまとめれば、本能的信念の体系の内部にとどまり、そこから不整合を取り除き斉合性を高めることで、蓋然性の高い洗練された世界観を得ようとすることだと言える。たとえば第1章から第2章までの議論は、この方法論を適用した実例になっている。第1章で「テーブルのようなものは、さまざまな視点から違ったように見える」ということから「見えているもの、すなわちセンスデータは実在のテーブルそのものではない」という帰結が引き出されているが、この議論はテーブルのような実在のものやそれを含む公共的な空間の存在を前提している。問題なのはそれらの前提と「見えているのはテーブルそのものだ」という本能的信念とが衝突することであり、テーブルとは別のものとしてセンスデータを立てることで衝突が回避される。ラッセルの議論もまた一種の錯覚論法といってもよいが、実在のものや公共的な空間の存在が前提されるという点で、禁欲的な経験論が用いる懐疑とは決定的に異なる。夢や悪霊の存在の可能性から出発するなら、これらの前提までもがそぎ落とされ、われわれは外界から切り離され、自分の経験の中に閉じ込められてしまうことになるだろう。

第2章でデカルトの体系的懐疑が持ち出されているため、ここでラッセルは禁欲的な経験論者と一致すると思われるかも知れないが、そうではない。彼の論述、特に懐疑論の退け方に注目する限り、彼の懐疑はデカルトのものとは根本的に異なる。夢や悪霊の可能性を持ち出す懐疑なら、われわれの本能的信念の一切を疑問視し、正当化の根拠として用いることはないだろう。そして確実な知識は、そうした信念の外部に求められることになる。ラッセルが問題にしているのは、センスデータを導入した後にも、その導入に際して前提されていた実在の対象や公共空間を保持することが合理的かどうかである。そしてそれがあくまで本能的信念体系の内部で問われ、他の本能的信念やセンスデータ間の関係についての信念との斉合性にもとづいて肯定されている。

しかしラッセルは第5章で「ものの知識も真理の知識も、つまりはすべての知識が、面識に依存し、面識を基礎とする」と主張し、また面識による知識は疑うことができないとしている。このことは経験的知識に対し、不可謬の根拠による正当化を与える「基礎づけ主義」の立場を示しているのではないか、と言われるかもしれない。実際、ラッセルを経験主義の伝統に立たせる解釈は、彼の立場をそう考えてきた。しかしこれは、面識による知識の不可謬性の意味と、その「基礎」という役割を誤解していると言わざるを得ない。

面識による知識が疑いえず、誤りえないのは、それが絶対確実に真であることが保証されているからではない。そもそも面識は命題的構造を持たず、真でも偽でもありえないからである。たとえば「ラッセルはイギリス人である」という文は実際に真であるが、偽の可能性もある。しかし「ラッセル」という名前、あるいはその意味であるラッセル自身は真でも偽でもありえない。それゆえ、面識による知識はほかの信念に対する正当化関係に立つことができない。そう考えるのは「ラッセル」がラッセルその人を指すという事実が、「ラッセルはイギリス人である」という文を正当化すると考えるも同然である。センスデータとの面識に一番近いもので、正当化関係に立つことができるのは第11章で取り上げられている「知覚の判断」である。しかし知覚の判断もまた誤りの余地を持ち、疑うことが可能なものとされている（第13章二六八ページを参照）。

ではいかなる意味で面識は他のすべての知識の基礎なのだろうか。「ラッセルはイギリス人である」という文が真や偽であるためには、その命題はラッセルという個人やイギリス人であるという性質についてのものでなければならない。「ラッセル」という名前が何も指示していないなら、その文は真でも偽でもないだろう。つまり、文や信念が実際に世界に関わっていなければならないのだが、この関わりをもたらすものこそ面識に他ならない。面識は、「前提―結論」という正当化関係の内で前提として働くのではなく、そのような正当化が問題となる場（有意味な文、まともな内容を持つ信念の集まり）を成立させるという意味での前提条件なのであり、その意味で一切の知識の「基礎」なのである。そして信念の正当化そのものは、信念間の斉合的関係によってなされるのである。

斉合性によって正当化がなされるのは本能的信念だけではない。一七八ページで述べられているように、哲学的見解や科学的仮説もまたそうして正当化されるのである。つまりラッセルの方法論とは、本能的信念に限らず科学的仮説などの経験的信念の体系から出発し、あくまでそれに内在的に批判を進め、不要な前提を取り除いたり仮説を導入することによって、より斉合性の高い洗練された世界観を築こうとするものだったのである。

こうしたラッセルの哲学的探求方法は、現在でも重要な意義を持つものであると思われる。合理論にせよ経験論にせよ、この解説で説明した哲学的立場は、常識や科学を高所から裁断するという態度をとる。合理論は内在する矛盾を指摘することによって、経験論は徹底した懐疑を持ち出すことによって。そうして常識や科学によって描き出された世界像をいったん無化し、一から世界像を立て直そうという野望を持っている。一方、現在、科学によって描き出された世界像だけを優先し、それになじまないもの（たとえば意識など）を消去しようとする哲学者は少なくない。どちらも野心的な試みであり、そうした著作を読んでいると興奮させられる。哲学として重要なものであるのは否定できない。しかし、やはりどこか不健全なものを感じなくもない。

ラッセルの場合、論理とは想像力の解放者であり、それまで考えつくことができなかったような仮説を可能にするものである。そうした仮説を利用することによって、常識や科学を統一して新たな世界像を築き上げることが哲学の仕事である。しかもそこで哲学が果たす役割は、常識や科学が含む「概念の分析」という下働き的なものだけではなく、センスデータや普遍といった存在者を立てるように、積極的な探求をも含む。つまり哲学とは、科学を裁くのではなく、科学にかしずくのでもなく、科学とともに世界を探求する、きわめて創造力に満ちた試みなのである。科学とのこうした関係、あるいは探求方法の柔軟さこそ、経験論の伝統に連ねることによって見失われてしまう、ラッセル哲学の魅力的な側面である。

しかし、科学や常識などの信念群を斉合的にすることによって得られる体系は一通りではない。ラッセルも本書で指摘しているとおり、同じデータから得られる体系ですら、複数のものが可能なのである。ましてやラッセルが活動していたのは、次々と革命的な科学的知見が得られている時代だった。出発点となるデータの集合が激しく変化するのである。ある時点で築きあげた哲学的立場が、その後になって覆される科学的知見に基づいていたために、放棄しなければならないこともある。たとえばラッセルは、相対性理論によってそれまで抱いていた時間や空間の概念を覆され、その主張を見直すよう迫られたのであった。実際、ラッセルはしばしばその哲学的見解を劇的に変化させたことで知られる。しかし、以上のような方法論にのっとるものとして考えるかぎり、それは一貫性のなさや腰の据わらなさを意味するのではなく、不断に探求を続ける、類まれなる知的誠実さのあらわれと言うべきであろう。このような姿勢に、けっして失われることのないラッセル哲学の意義を見出すこともできるだろう。

謝辞

この翻訳が成立するまで、多くの人にお世話になったが、手短に済ませるために名前を挙げるのは可能な限り少なくしたい。

『哲学入門』が何度日本語に翻訳されたのか分からないが、私が入手し参照できたのは、柿村峻氏、生松敬三氏、中村秀吉氏による、それぞれ特色のある訳業である。すでになくなられた方ばかりであるが、記して感謝したい。

つぎに、訳文に目を通し、誤訳や日本語として不自然な表現を指摘してくださった野矢茂樹先生に。翻訳は原文を正確に読み取ることよりも（もちろんこれも結構大変なのだが）、それを自然な日本語に直すことのほうが何倍も難しい作業である。その点、当代きっての文章家である野矢さんのアドバイスをいただけたのは非常にありがたいことだった。ただし読んでいただいたのは第1章から第15章までの本文のみであり、また指摘に従わなかったところも多い。だから何なのかというと、一切の文責は髙村にあるということだ。

最後に。学芸文庫編集部の天野裕子さんに、一言、ありがとうございましたと言いたい。

二〇〇五年二月

ま行

や行

ら行

複合的な——、統一体（complex whole, unity） 156-158
唯一無二の——（The Whole） 173,174
総合的（synthetic） 103
存在する（exist） 16-21,22-31,45-48,53-55,110,122,124
——ものの知識（knowledge of existents） 55,66-67,93-94

た行

対応（correspondence）
信念・判断と事実の—— 149,151,158-159
センスデータと物的対象の—— 38-41
他者（others） 22,27-28,61
知覚（perception） 25,30-31,44,48,128,131,140,141,165-166,168
知識（knowledge） 52,160-171,182-184,187-188
一般的原理の——（knowledge of general principles） 87-100,138-139
記述による——（knowledge by description） 56,57-59,64-73,135,181
真理の——（knowledge of truth） 54,57,59,135-136,146,165,176
直観的——（intuitive knowledge） 135-136,137-145,162-165,170,182
派生的な——（derivative knowledge） 135-136,162-164
普遍についての——（knowledge of universals） 126-136
面識による——（knowledge by acquaintance） 55-56,57-64,126-128
ものの——（knowledge of things） 54,57-59,71,135,166,176
抽象観念（abstract ideas） 60,119
デカルト（Descartes, René） 23-24,91,183,200
哲学（philosophy） 9,21,31-33,182-185
——的観想（philosophic contemplation） 191-195
——の価値（the value of philosophy） 186-195
——の不確定さ（uncertainty of philosophy） 188-191
動詞（verbs） 116-118

な行

内観（introspection） 60,122

は行

バークリ（Berkeley, George） 16-19,44,47-52,91,119,121,200
判断（judgment） 54,67-69,140-142,153-155,166,168-169
——の構成要素（constituents of judgment） 155-158
——の主体と対象（subject and object of judgment） 155-159
必然性（necessity） 97,109
批判（criticism） 182-184
ヒューム（Hume, David） 91,103,119,200
物質（matter） 15-18,34-44,53,54,197
物的対象（physical objects） 15,25-31,37-43,46,58-59,105-108,112
普遍（universals） 60,64,72,113-136
ブラッドリー（Bradley, Francis

ケインズ（Keynes, John Maynard） 7,198
原因（cause） 14,28-29,36,103,105,106
期待の――（cause of expecting） 77-78
現象（appearance） 11-14,20,34
現象（phenomena） 35,106
原理（principle）
一般的――（general principles） 55-56,74-75,85,87-100
倫理学の――（ethical principle） 139
論理的――（logical principles） 88-94,144
公共的（public） 26-28
合理論者（rationalists） 91-94,106
心、心的（mind, mental） 17-18,43-44,47-53,120-123,158-159
――のはたらき（mental act） 51,122,123
誤謬（error） 54,136,146,160,170
個物（particular） 69-70,71-72,114-117,119-120,129,130
個別事例（instance） 82-83,98-100,104,130,132-135,139
固有名（proper names） 67,116

さ行

算術（arithmetic） 95-96,107-108,139
ジェイムズ（James, William） 197
自我（Self） 24,61-63,107,192-193
時間（time） 40-41,105-106,107,124,127-128,178,179
自己意識（self-consciousness） 61
思考、考え（thought） 18,25,30,49,61,67,69,122,123,149
事実（fact） 121,122,148,149,159,165-168
実在（reality） 11-21,37,53,115,173-174
私的（private） 26-28
――空間（private spaces） 36-40
視点（point of view） 11-13,37
自明（self-evidence） 138-145,165-170
順序（order） 40,41,155-159
証明する（prove） 28,81,84-86,89-90,137-138
真、真理（true, truth） 20,54,58,140,144,145,160-162,166-168,171,176
――の意味、定義（meaning of truth） 146-159
信念（belief） 75,137,138,146-159,160-161,165
本能的――（instinctive belief） 31-33
――の対象（objects of beliefs） 152-153
推論（inference） 14,74,161-164
――の原理（principles of inference） 87-88
スピノザ（Spinoza, Baruch） 117,118,200
斉一性（uniformity） 78,79
斉合性（coherence） 149-151,171
性質（property, quality） 14,41-42,110,117,119-120,126,129
生得観念、原理（innate ideas, principles） 91,92
センスデータ（sense-data） 15,20,23,25-31,38-42,47,50,58,62-63,105,140-141,197
全体（whole）

索引

・これはラッセルによるテキスト（前書き、本文、ドイツ語版への序文、参考文献）に対するものであり、訳註、解説、訳者解説に対する指示は含んでいない。
・用語が現れるところを網羅するのではなく、論じられている部分を指定することを目的とするものである。

あ行

アプリオリ（a priori） 92-98,100-112,128-135,172-173,178,182,198
有る（being） 124
意識、気づき（awareness） 15,50,57-58,59
意味（meaning） 72-73,129,130,163
色（colours） 11,12,42-43
疑い、懐疑（doubt） 23-24,183-184
演繹（deduction） 98-100

か行

蓋然性、蓋然的（probability, probable） 7,77,81-84,91,99,164,170,171
概念（concept） 64
科学（science） 20,36,79,132-133,150,182
確実、確実性（certain, certainty） 9,23-25,82,83,96,107-108,133,171
過去（past） 59,75-80
感覚（sensation） 15,34,63,114-115,197
関係（relations） 38-40,41-42,110-111,117-122,127-129,152-159
　――の項（terms of relations） 153-155,156,158
カント（Kant, Immanuel） 100-112,121,179,200
カントール（Cantor, Georg） 179
観念（ideas） 16-19,47-53,123,174
観念論、観念論者（idealism, idealist） 18,44,45-56
偽、虚偽（false, falsehood） 140,147-149,153-154
　――の意味、定義（meaning of falsehood） 146-159
記憶（memory） 60,141-144
幾何学（geometry） 39,96,119,180
記述（description） 55,64-73
帰納（induction） 7,74-86,87,99-100,104,133,144,198
　――原理（principle of induction） 82-86,91,104,138
空間（space） 35,36-40,105-106,178-180
　物理――（physical space） 37-40
経験（experience） 86,91,92,104-106,131,180-181
　直接――（immediate experience） 10,23,73,93
　――的一般化（empirical generalizations） 97-100,132,133
　――的知識（empirical knowledge） 94,182
経験論者（empiricists） 91-94,95,104,106,119
形而上学（metaphysics） 70,124,172,178

本書はちくま学芸文庫のために新たに訳出されたものである。

増補 ハーバーマス　中岡成文

非理性的な力を脱する一方、人間疎外も強まった近代社会。その中で人間のコミュニケーションへの信頼を保とうとしたハーバーマスの思想に迫る。

夜の鼓動にふれる　西谷修

20世紀以降、戦争は世界と人間をどう変えたのか。思想の枠組みから現代の戦争の本質を剔抉する。文庫化に当たり「テロとの戦争」についての補講を増補。

ウィトゲンシュタイン『論理哲学論考』を読む　野矢茂樹

二〇世紀哲学を決定づけた『論考』を、きっちりと理解しその生き生きとした声を聞く。真に読みたい人のための傑作読本。増補決定版。

科学哲学への招待　野家啓一

科学とは何か？　その営みにより人間は本当に世界を理解できるのか？　科学哲学の第一人者が、知の歴史のダイナミズムへと誘う入門書の決定版！

論理と哲学の世界　吉田夏彦

哲学が扱う幅広いテーマを順を追ってわかりやすく解説。その相互の見取り図を大きく描きつつ、論理学の基礎へと誘う大定番の入門書。　（飯田隆）

ソフィストとは誰か？　納富信留

ソフィストは本当に詭弁家にすぎないか？　哲学成立とともに忘却された彼らの本質を精緻な文献読解により喝破し、哲学の意味を問い直す。（鷲田清一）

哲学の誕生　納富信留

哲学はどのように始まったのか。ソクラテスとは何者かをめぐる論争にその鍵はある。古代ギリシアにおける哲学誕生の現場をいま新たな視点で甦らせる。

ドゥルーズ　解けない問いを生きる〔増補新版〕　檜垣立哉

ドゥルーズの哲学は、いまという時代に何を問いかけるか。生命、テクノロジー、マイノリティといった主題を軸によみとく。好評入門書の増補完全版！

西洋哲学史　野田又夫

西洋を代表する約八十人の哲学者を紹介しつつ、哲学の基本的な考え方を解説。近世以降五百年の流れを一望のもとに描き出す名テキスト。　（伊藤邦武）

ちくま学芸文庫

哲《てつ》学《がく》入《にゅう》門《もん》

二〇〇五年三月十日　第　一　刷発行
二〇二四年十月五日　第二十八刷発行

著　者　バートランド・ラッセル
訳　者　高村夏輝（たかむら・なつき）
発行者　増田健史
発行所　株式会社　筑摩書房
東京都台東区蔵前二—五—三　〒一一一—八七五五
電話番号　〇三—五六八七—二六〇一（代表）
装幀者　安野光雅
印刷所　三松堂印刷株式会社
製本所　三松堂印刷株式会社

ISBN978-4-480-08904-5　C0110